随梦手语丛书

SHOUYU SHIZHOUTONG

林 皓　倪颖杰　盛 焕◎编著

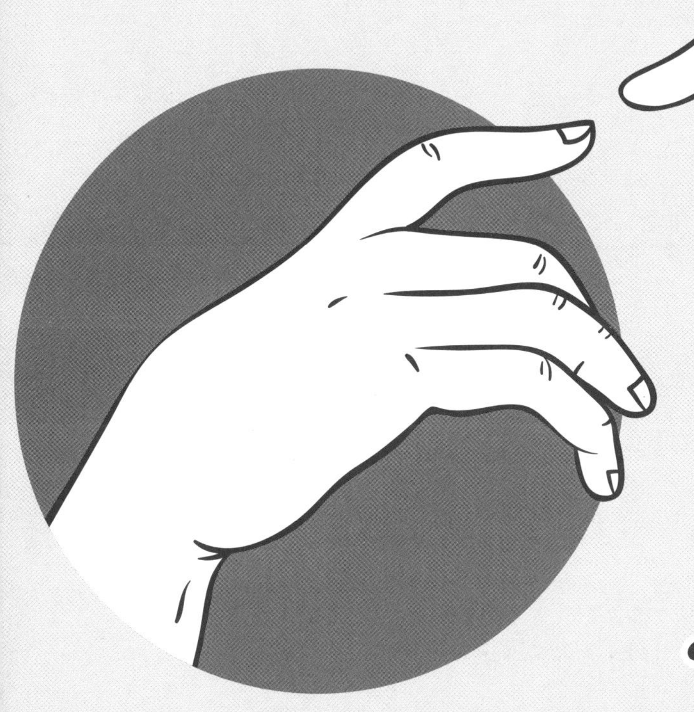

手语
十周通

中西書局

图书在版编目（CIP）数据

手语十周通／林皓，倪颖杰，盛焕编著．—上海：中西书局，2024
（随梦手语丛书）
ISBN 978-7-5475-2185-4

Ⅰ.①手… Ⅱ.①林… ②倪… ③盛… Ⅲ.①手势语—中国—教材 Ⅳ.① H126.3

中国国家版本馆 CIP 数据核字（2023）第 210488 号

手语十周通

林　皓　倪颖杰　盛　焕　编著

责任编辑　刘　博
装帧设计　王铁颀
责任印制　朱人杰

出版发行　上海世纪出版集团
中西書局（www.zxpress.com.cn）
地　　址　上海市闵行区号景路 159 弄 B 座（邮政编码：201101）
印　　刷　上海商务联西印刷有限公司
开　　本　787 毫米 ×1092 毫米　1/16
印　　张　12
字　　数　386 000
版　　次　2024 年 1 月第 1 版　2024 年 1 月第 1 次印刷
书　　号　ISBN 978-7-5475-2185-4/H · 144
定　　价　88.00 元

本书出版获上海外国语大学教材基金以及上海外国语大学中央高校基本科研业务费专项资助（项目编号 23ZD007）。

主　　编 林　皓　倪颖杰　盛　焕

编委会成员（按音序排列）

蔡未雨　程菲菲　黄秋月　黄亚清

高羽烨　李靓靓　李　君　姜　懿

浦文沅　王徐薇　吴青彦　倪珍佳

肖爱玲　项　南　徐美霞　徐　迅

张圣易　张宇亭　赵晓曦

技　　术 随梦 IT 小组

前　言

《随梦手语十周通》系《随梦手语十日通》的进阶版，适用人群为已学完《随梦手语十日通》，或具备了初级基础的手语学习者。《随梦手语十周通》注重于培养理解手语、运用手语的底层能力，其框架设计目标如下。

1. 提高观看手语的技能，能够看懂日常生活中的简单手语对话和短文。

2. 提高手语表达的技能，能够运用本书的词汇和句型，增强用手语表达观点和想法的能力，并提高手语表达的准确度和流畅度。

3. 系统掌握手语的语法，构建正确的句子和语言表达。

4. 全面了解手语文化背景知识，能够适应不同的文化背景，具备跨文化感知能力。

5. 潜移默化地培养手语语感，并能够举一反三，为进一步掌握流利手语打下更坚定的基础。

在自学每一课时，建议按如下步骤进行学习。

第一步：认真观看随梦手语 App 的课文视频至少三遍，确保理解并掌握核心词汇，能够用手语复述例句和课文。若有余力，建议录下自己打课文手语的视频，并对照随梦手语 App 中的相应课文视频自我比较，查缺补漏。

第二步：认真做完练习，并对照随梦手语 App 的参考答案自我检视。若有余力，尝试为每个核心词汇造句。

第三步：认真阅读语法和文化笔记，并将前两小时所学内容融会贯通。

每一课用时 2—3 小时即可切实掌握。有条件的话，请受过培训的聋人手语老师带学，用时将更省，效果将更好。

体例说明

1. 本书中的中国手语词用汉字标注，但字体上加以区分，即中国手语词使用粗体标记，以便与汉语词汇区分。语法讲解中用双引号标记手语词汇。需要注意的是： 汉字表达手语有其局限性，汉字对手语词仅是近似翻译表达，两者间不存在一一对应关系。

2. 对于国外手语词汇，用英文大写标注。对于指拼字母，我们遵照国际惯例，用对应拉丁文字母标注。

3. 扫描本书附赠的书签上的二维码可扫码关注随梦手语 App 观看本书配套视频：

1）课文、词汇及例句均配有手语视频：由于纸版教材物理空间有限，我们割爱了部分手语词的相关图例，完整版请见相应随梦手语 App 内容。

2）书中有“▶”的小节可按序号在随梦手语 App 中查找到相应的视频观看。

本书大纲

	学习小标题及重点	主题词汇	语法要点、手语杂说	文化小贴士
第一周： 小梦归来	**1.1 我回来了，天却变了** 天气与自然	自然地理	手语和口语是平等的	
	1.2 说走就走？ 旅游		手语对语言起源的启示	
	1.3 环游世界的姿势 世界与地理		手语也有语音形式	聋人能接受洋泾浜手语吗？
第二周： 我的家与我的伙伴们	**2.1 随梦君的豪华旅游计划** 家中设施	人物职业	手语形式构成 1：手形	
	2.2 咖啡馆 职业、兴趣爱好		手语形式构成 2：位置和朝向	聋人聊天话题特点：初次见面就查户口？
	2.3 我的伙伴们 人际关系		手语形式构成 3：运动	求同存异：口语聋人与手语聋人相处，需要注意什么？
第三周： 可劲浪	**3.1 出发去度假** 酒店	节假娱乐	手语形式构成 4：非手控	
	3.2 滋润的假期 节假日		手语音节和韵律	
	3.3 精神生活 娱乐		手语的复杂度	聋人能享受音乐吗？
第四周： 医院那些事	**4.1 乐极生悲** 疾病	健康运动	手语打快了，会怎么样？	
	4.2 医院历险记 医院		手语的偏旁部首：类标记手形及结构	
	4.3 幸好不是大病 描述病情		手语是否有后缀：手语形态简说	聋人的就医困难
第五周： 人在社会	**5.1 大城小城** 议论城市生活、了解名词词性	社会生活	手语的词类一：名词	聋人囧事："她能看口型，你给她讲话就好啦！"
	5.2 社会福利 社会事务、了解动词词性		手语的词类二：动词	
	5.3 我可以坐这里吗？ 公共场所、发起请求或命令		手语词汇的由来与演变	在公共场所如何和聋人相处？

续表

	学习小标题及重点	主题词汇	语法要点、手语杂说	文化小贴士
第六周：无限空间	**6.1 纸上谈城** 城市设施、空间位置关系的表述	无限空间	手语的方位表达	自在的手语空间
	6.2 我的方向感 空间指示、数的表达		手语的数的表达	
	6.3 意念城市 手语的空间想象力		方言和通用语的由来	“免费”还是“厕所”？——中国地方手语大不同
第七周：孔方兄那些事儿	**7.1 让我们去商场吧** 购物、基本句型	经济商业	手语的句类	送外卖如何找到聋人顾客？
	7.2 我才不是土豪 银行、句子的基本词序		手语句子的基本语序及其影响因素	
	7.3 你不理财财不理你 理财、复杂句		手语的复杂句	
第八周：心里住着的小人儿	**8.1 心里话** 表达情感、多角色叙事	性格情感	手语表达的视角转换：旁观者视角和当事者视角	聋人疑心重？——视听不对称的不同文化体验
	8.2 我是 i 人还是 e 人 性格		手语的创造性使用	聋听的跨文化交际：生病了还是没生病？
	8.3 重视心理健康问题 心理健康		手语有俗语、成语、隐语、禁忌语吗？	谁是最可怜的人？
第九周：回味学生时光	**9.1 文具店** 文具、量词、谈论当下	文化教育	手语学习之一：聋童应尽早接触手语	汉语是聋人的第二语言
	9.2 那些年我读过的学校 教育、谈论人生经历		手语学习之二：听人学习手语当作第二外语	“手语歌”，聋人看得懂吗？
	9.3 我的深造梦 文化生活、谈论未来规划		手语的家族谱系	
第十周：可见的未来	**10.1 社会媒体上的新词** 社会媒体、新词创造	科技媒体	手语的旧词和新词：浅谈造词策略	手语老师
	10.2 为什么他不看手机而看我？ 科技与人文、持续性的表述		手语政策及立法	手语老师与手语翻译
	10.3 手语的未来在你我手中 手语和聋人的无障碍生活		手语的未来	

教材人物背景介绍

主要人物

小梦

小随（随梦君）

故事概要

小梦自从告别随梦君回到老家，成为当地手语初学者中最炫的仔后，有点飘飘然，竟然初生牛犊不畏虎地要给聋人客串手语翻译。结果，她在第一次的翻译工作中就把聋人的意思翻错了，虽没酿成大祸，但也扎扎实实惊出了一身冷汗，深感自己的手语还欠火候。

于是，小梦准备好了三个月的生活费用，打包起行李，再次南下找随梦君继续学习手语……

目录 CONTENTS

1.1 我回来了，天却变了

学习重点 天气与自然

①

1.1.1

见没 想你

好久不见！想死你啦！

肉麻

肉麻！

哈哈 现在 过来 手语 学 想 继续

哈哈，这次我来想继续学手语。

可以 欢迎

可以。欢迎。

随梦君 今天 闷热 怎么

随梦君，今天怎么这么闷热？

下雨 准备 我们 走 快

要下雨了，我们快走吧。

奇怪 我 看 天气 好 逗我 不

不会吧，我看还是大晴天呀，别逗我啊。

看看 天气 预报 说 局部 这 暴雨 有 我们 走 快

看看，天气预报说了局部暴雨，我们赶紧走。

好 下雨 热 降温 凉爽 会

好啊，下雨了就会降温，会凉爽。

看 阴天，快 这 闪电

看，阴天了。快看看，闪电了。

看 有 怎么

看到了。怎么了？

走++

快点走！

① 本书带此图标的小节，手语演示部分请详见“随梦手语”App。

1.1.2

词汇 & 句子

闷热

1. 这样闷热的天气，让人焦躁得很。
2. 空气潮湿闷热，快要下雨了。
3. 今天天气格外闷热，一整天我都感觉头昏脑涨的。

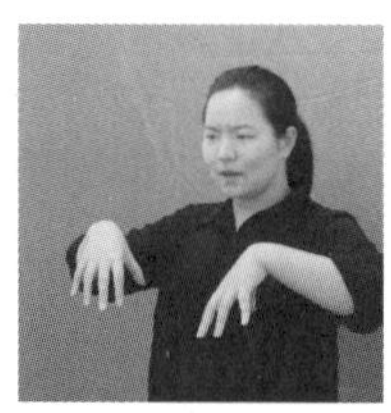

下雨

1. 乌云密布，雷声轰鸣，就要下雨了。
2. 因为明天下雨，所以郊游取消了。
3. 不管是刮风还是下雨，他从未迟到过。

晴天

1. 夏天的天气是变幻莫测的，一会儿晴天，一会儿阴天，一会儿瓢泼大雨。
2. 今天晴天，非常适合出游。
3. 经过好几天阴天，今天终于晴天了。

天气

1. 如果明天天气好，我们就去爬山。
2. 今天天气闷热，怕是要下雨了。
3. 过了春节，天气逐渐暖和了。

预报

1. 天气预报说，这几天气温将会有所回升。
2. 天气预报报道今天后半夜将有阵雨。
3. 地震的近期预报一发出，闹得人心惶惶，日夜不安。

局部

1. 电视台的天气预报说今晚局部地区有小雨。
2. 如果注意局部，不注意全局，就会因小失大。
3. 南部地区局部有短暂降雨。

降温

1. 中央气象台发布大风降温预报。
2. 大暑来到，气温攀高，防暑降温。
3. 夏天到了，吃个西瓜降降温。

凉爽

1. 太阳落山后这个房子里很凉爽。
2. 房间里很凉爽，因为安装了空调。
3. 凉爽的微风一阵阵吹过河面。

阴天

1. 阴天不适合晒被子。
2. 阴天中的古镇别有风味。
3. 我忘记看天气预报，不知道明天是阴天还是晴天。

闪电

1. 有闪电的时候在树下避雨是非常危险的。
2. 闪电之后是一阵可怕的雷声。
3. 机翼在风暴中被闪电击中。

1.1.3

练习

一、观看手语视频，选择相应的词汇

（1）阴天
（2）下雨
（3）局部
（4）降温
（5）闷热

二、看手语视频判断正误

（1）最好在天气凉爽时搬家。（对 / 否）
（2）不管是刮风还是下雨，他从未迟到过。（对 / 否）
（3）地震的近期预报一发出，就闹得人心惶惶，日夜不安。（对 / 否）
（4）夏天到了，吃个西瓜降降温。（对 / 否）
（5）清晨的阳光穿透了浑浊的雾气。（对 / 否）

三、将如下文字翻译成手语

雨点又滴滴答答地落下了。中午雨逐渐停了，太阳公公从云层中冒出头，大地又沐浴在一片阳光中。

1.1.4 语法要点 手语和口语是平等的

语言是平等的吗？好像从来不是。我们日常生活中充满着对各种语言不平等的待遇。查理五世（1500—1558）是西班牙国王及神圣罗马皇帝，他精通欧洲数国语言，他是这么使用这些语言的："我对上帝说西班牙语，对女人们说意大利语，对男人们说法语，对我的马说德语。（To God I speak Spanish，to women Italian，to men French，and to my horse German）"又比如我国古代分雅言和方言，雅言除了指古时的共同语，也指高雅的言辞。而在当代，小品中也经常拿农村口音开玩笑。

对于语言学家而言，虽然每种语言和其他语言之间都存在一定的共性和个性，但语言不论其使用者情况（如使用者人数多寡，经济地位高低等）都应当等量齐观。至此，我们所述及的语言只限于人类的口语（speech）。

然而，长久以来手语被人们"视而不见"，被语言学家们忽略。甚至聋人自己都以为手语不是一门语言，只是口语或书面语的不太健全的辅助交流系统。而直到 20 世纪 60 年代，情况才发生了改变，美国有一位语言学家 William Stokoe（1919—2000），他在聋校做老师时，发现手语是可以和口语等量齐观、加以分析的，于是他编写了一本基于语言学的手语词典，在学术界取得了巨大反响。

而后数十年里，世界各国的语言学家以及心理学家对手语展开了深入研究，不断发现手语作为一门语言的合理性，并进一步发现手语的研究价值。通过研究手语，我们能从很多方面，包括儿童成长健康、人类大脑认知，以及语言起源等，扩展对世界和自身的认识。

学习重点　旅游

1.2.1

我们 旅游 现在 秒杀 好不好

我们来一场说走就走的旅游，怎样？

可以 跟团 自由 2 指 哪个

可以。跟团游还是自由行？

我 想　跟团 价格 便宜　但是 时间 限制 去 时间 限制

我想一想，跟团游价格便宜，但是要在规定的时间集合出发，

还有 东西 买++ 强制

还有强制，购物。

自由

那自由行吧！

不　行程 自己 安排　累

不，行程要自己安排，多累！

怎么办

那怎么办？

我　想　你 决定 你 决定

我……还是你来决定吧！

主意 属于 反而 我 帮助 决定

摇摇头，主意是你想的，还要我帮你决定。

你 最 好

还是你最好！

词汇 & 句子

旅游

1. 旅游使人增进对世界的了解。
2. 小明到处旅游，昨天才回到家里。
3. 我得存点钱去旅游。

跟团

1. 近期欧洲跟团游人数同比去年大幅增加。
2. 我给父母安排了一次跟团游。
3. 跟团旅游能节省规划旅行的时间。

自由

1. 自由比财富更珍贵。
2. 市民可以自由使用图书馆。
3. 许多人愿意在家当自由职业者。

集合

1. 学生们需要在学校礼堂集合。
2. 全体船员到甲板上集合，以备检阅。
3. 部队已在广场上集合。

出发

1. 激流探险的勇士们出发了。
2. 临近出发，小明才手忙脚乱地收拾东西。
3. 小明一家准备出发去北京。

强制

1. 法律是一种强制性秩序。
2. 我们非但不能强行改变自然，还要服从自然。
3. 游客被景区人员强制收费。

购物

1. 网上购物既便宜又方便。
2. 现在越来越多的人喜欢到超市购物。
3. 每周五我都去购物。

行程

1. 这个旅行行程包括半小时的乘船游览。
2. 大雨耽搁了我们的行程。
3. 祝你接下来的行程平安顺利。

安排

1. 合理安排时间，就等于节约时间。
2. 今年春天，学校安排了一次郊游。
3. 我将工作安排得井井有条。

决定

1. 文章的长短由内容决定。
2. 细节决定成败。
3. 小明决定要查明真相。

1.2.3

练习

一、看手语视频选择相应的词汇

（1）自由
（2）导游
（3）出发
（4）限制
（5）游记

二、看手语视频，选择正确的答案

（1）法律是一种（　　）性秩序。（强制 弹性 自由）
（2）小明（　　）要查明真相。（暂定 决定 考虑）
（3）机场的搬运工将我们的（　　）放在了传送带上。（货物 行李 箱子）
（4）今年春天，学校安排了一次（　　）。（旅游 春游 郊游）
（5）他给自己的车上了（　　），以防出现意外情况。（锁 油漆 保险）

三、将如下文字翻译成手语

广州塔俗称“小蛮腰”，外地游客都喜欢来这里旅游观光。

1.2.4 语法要点 手语对语言起源的启示

人类永远沉迷于探求一个问题——“我们从哪儿来？”我们不满足于神话或宗教给出的答案，比如上帝造人说，肋骨造人说，泥巴造人说，而是努力用自己的智慧去探索。达尔文告诉我们，人类是演化而来的，或者说人类的祖先是猴子。于是，我们进一步发问：为何人类可以从猴子演化成万物灵长，建立现代文明，成为地球的主宰呢？而人类的近亲们，比如黑猩猩却还没走出丛林。有些人认为，也许是人类的语言，使得我们和其他动物区分开来。而其他动物，比如猫、狗、猴子，只会叫，不能像我们一样说话（口语语言）。

但是，从人类起源之初就有语言了吗？如果演化这种说法是对的，我们就得承认，语言也是演化而来的。语言是如何演化的呢？有的学者认为，我们是先使用了手势（相当于远古时的手语），然后慢慢随着直立行走，我们的发音器官发生了演变，最终由口语代替了手势。

但是，手势作为一个副系统仍然存在，一旦有需要我们可以启动这个副系统，用于代替口语成为交流语言。这个说法能够解释为什么我们即使说话的时候还经常伴随性地下意识地做手势。比如你和一个朋友打电话聊天，明明知道对方看不到你、还是会边说话边做一些表情和手势来。

但为什么手势没有发展成主流语言呢？就像今天聋人将其当成第一语言一样。有的学者认为，这是因为早期人类的双手要承担大量的劳动任务，且那时人类还没有完全走出丛林，有时还得靠手来攀缘树枝，如果同时用手来交流，就会影响劳动，甚至行动安全。因此，使用叫声（最初并不是口语）来传达信息就成了必要补充。另外，当人类祖先从树上到落地选择穴居生活，一旦夜晚有野兽突袭，手语无法示警，而用叫声则更为有效。久而久之，我们的口语在演化中不断改进，就成为原始口语，我们则从主要用手来交流，到手口兼用，最后到主要用口语交流。

科学家们一方面在人类圈养的黑猩猩中做实验，试图教它们手语，观察黑猩猩是否能学会人类的语言；另一方面他们观察野外的猩猩们及猴子们如何使用手势。最近有一个研究将猩猩的手势与人类三岁小孩子的手势进行比对，发现有高达 88% 的雷同。这表明两者在手势的使用上有相当大的共通性，我们也许可以通过对比分析人与猩猩们的手势，来“构拟”人类原始语言。

学习重点 世界与地理

1.3.1

我们 指 地图 世界 旅游

我们在地图上环游世界吧！

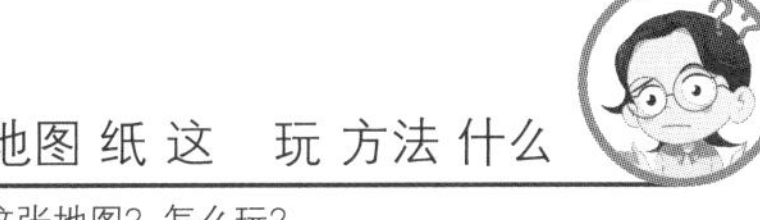
地图 纸 这 玩 方法 什么

这张地图？怎么玩？

来 我们 位置 哪里

来，我们的位置在哪？

亚洲

亚洲！

如果 我 飞 这 什么

如果我们飞到这里？

欧洲 这 这 发达 国家 多 地方 多 挪威 我 想 去 要

欧洲，那边发达国家最多，我最想去挪威。

好 挪威 我 飞 这 山脉 这 名字 什么 斯堪的纳维亚 这 全境 连接

好，我们飞去挪威，斯堪的纳维亚山脉纵贯全境，

这 高原 山地 这 还有 冰山 占 全境 三分之二 以上

高原、山地、冰川约占全境三分之二以上。

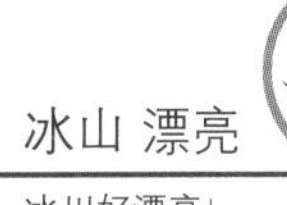
冰山 漂亮

冰川好漂亮！

这 亚洲 有 我们 祖国 山水 自然 风景 美丽

这亚洲，有我们的祖国。自然山水风光很美。

是 我们 中国 美丽 多 爱 中国

是呀！我们中国最美丽。我爱中国。

1.3.2

词汇 & 句子

地图

1. 服务台可以为旅客提供免费地图。
2. 同学们在地图上找到了回归线的位置。
3. 我们要做的就是按照地图走。

位置

1. 我国的乒乓球水平一直都处于世界领先地位。
2. 我最喜欢坐在教室最后一排的位置。
3. 旅店的地理位置和设施让人赞不绝口。

亚洲

1. 中国位于亚洲东部。
2. 印度洋位于亚洲南部。
3. 茶叶是从亚洲传入欧洲的。

如果

1. 如果明天下雨，我们就取消野餐计划。
2. 如果不努力，就难以成功。
3. 如果你想学好英语，就要多背单词。

发达

1. 沿海地区经济发达，人口稠密。
2. 我们要努力发展科学技术，缩短同发达国家之间的差距。
3. 我国正在夜以继日地追赶经济发达国家。

国家

1. 国家依法保护每个公民的合法权益。
2. 一个国家不发展经济，等于自取灭亡。
3. 国家建设需要大批高素质人才。

高原

1. 高原上的空气很稀薄。
2. 西藏人民世代生活在高原上，过着以畜牧为主的生活。
3. 在我们穿越高原的行程中，风餐露宿，备受艰辛。

山地

1. 云南拥有大量适宜栽桑养蚕的山地。
2. 在村支书的带领下，村民们开垦山地，种上了各种果树。
3. 在山地城市中，地形对土地质量及土地利用方式产生着深刻的影响。

冰川

1. 温室气体是造成冰川融化的罪魁祸首。
2. 冰川使许多大石块移位了。
3. 南极大陆的冰川将持续消融。

风景

1. 优美的风景能让人心情愉悦。
2. 旅游中最令人期待的莫过于欣赏美丽的风景。
3. 站在山顶上俯瞰，山下的风景一览无余。

1.3.3

练习

一、看手语视频选择相应的词汇

（1）冰川
（2）高原
（3）位置
（4）山地
（5）国家

二、看手语视频，判断以下句子是否正确

（1）云南拥有大量适宜栽桑养蚕的山地。（对 / 否）
（2）比起自然风景，我更喜欢历史古迹。（对 / 否）
（3）茶叶是从亚洲传入欧洲的。（对 / 否）
（4）穿越无人沙漠需要勇气和充足的准备。（对 / 否）
（5）上海周围有不少古镇。（对 / 否）

三、用手语描述下图

1.3.4 语法要点　手语也有语音形式

语言都有其形式。口语的形式在物理学上表现为声波，我们主要通过听觉获取信息，并解码成自己可以理解的话语。发音器官主要是由口腔、舌头、声门等组合而成，我们不能直接地观察它们，但是聪明的语音学家们还是找出了一定的规律，对语音进行分类。例如著名的“四呼说”：开口呼、齐齿呼、合口呼、撮口呼，简称“四呼”，就是大体根据我们汉语张口的程度进行区分的。以 a、o、e 为韵头的，被称为开口呼，而以 i 为韵头的，被称为齐齿呼。

此外，我们知道对于汉语而言，一个字音是由有三个系统性的必要因素组成的：声母、韵母及声调。我们可以用一套有限数量的声母、韵母和声调（b、p、m 等声母；a、o、e 等韵母以及四个声调），构成无限可能的组合。世界上的 7000 多种口语，我们也可以用一套系统——元音、辅音、音调来描写，这就是国际音标的主要功能。

而对于手语，其物理形式表现为光波，我们通过视觉获取信息，并解码成这些词语所代表 / 对应的意思。即手语的“发声”器官是可见的：双手、身体、面部表情（主要包括：眼睛、眉毛的运动）、头部动作、嘴巴动作等。如果手语像口语一样都是语言，虽然手语没有和口语一样的“语音”，但我们希望手语也能够像口语一样，通过对发音器官运动的分析，同样找出相当于口语中“声母”“韵母”等有限的特征形式，进而组合成无限的手语词汇。

目前，学术界经常把手语词分析成以下几个要素：手形、位置、运动（朝向）以及非手控（即不属于手部的动作但仍构成手语的一个要素，是对头部运动、点头、摇头、眉毛运动等的总称）。手语的基本语音结构有三个主要音素以及两个次要音素，三大主要音素分别为：手形、位置和运动；两个次要音素是朝向和非手控特征，非手控特征主要是指面部表情等信息。手语中的五个音素都可以对词语起区分的作用，以中国手语为例：

爸爸

好

妈妈

图例 1.3–1　中国手语词“爸爸、好、妈妈”

由图例 1.3–1 发现，“爸爸”和“好”之间手形相同（都是伸大拇指），朝向也相同，都是大拇指朝上，而有一个音素类别不同，即“位置”，“爸爸”是将拇指放在嘴唇前，而“好”则是拇指伸出放在胸前。“位置”这个语音特征区分了大量近音词，这些近音词可以组成语言中的最小对比对。而比较“爸爸”和“妈妈”，可以发现两者在位置和运动上都一致，即都是手指放在嘴唇处打出，唯一的区别在于使用不同的手形。

来

去

嘘

图例 1.3-2　中国手语词“来、去、嘘”

另外，以“来”和“去”为例，两者的唯一的区别在于运动，即“来”是从外往内的运动，而“去”则是从内向外的运动。对于两个次要音素，手的朝向和非手控特征有时也会构成语言中的最小对比对。此外，我们比较“妈妈”和“嘘”两个词，手形、位置、运动以及方向都一样，唯一的区别在于非手控特征信息，即口部动作。在打“妈妈”这一手语词时，口部没有明显动作或是闭着的，而在打手语词“嘘”时，则有撮口动作（在静态图片中难以体现，详参随梦手语 App）。然而，手的朝向和非手控特征这两个次要音素不具备普遍性，在手语中仅用于少数词的区分。下一节，我们将依次详细介绍手形、位置以及运动等。

1.3.5 文化小贴士　聋人能接受洋泾浜手语吗?

现在经济发展迅速，交通越来越便利，很多人喜欢四处旅游，接触不同地方的朋友，甚至会学一些当地的语言。而随着互联网科技的发展与普及，即使足不出户，也可以在海量网络语言学习资源中畅游。然而，不少朋友在和当地聋人打手语时会出现“洋泾浜手语”，使双方沟通不畅。

我们要注意，手语作为一门独立的自然语言，与口语一样，也存在各种地方方言。洋泾浜手语，即混杂了不同的方言手语（包括一国内的不同方言，也包括不同国家的手语及其变体）的混合语。在手语不熟练的情况下难免出现这种现象，但是，我们要尊重手语本身，尊重各地手语方言，并尽量使用地道的当地手语。

另外，随梦君有一个听人朋友，他学了美国手语，在中国却用不了，于是很是失落。因此，听人学习手语，最好先明确自己希望交流的对象，再考虑选择学习何种手语。同时，分清不同地方的手语，在使用手语时做到“入乡随俗”，或许更能融入当地的手语社区哦！

学习重点　家中设施

2.1.1

地图 旅游 我 不 想　真实 旅游 我 要

我不想在地图上的旅游，我要真实的旅游。

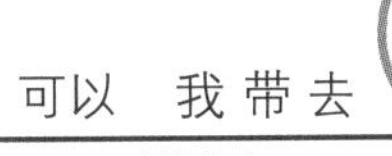

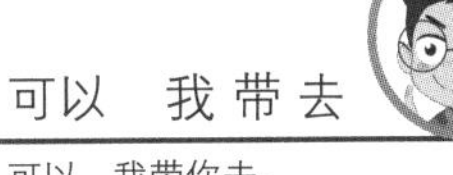

可以　我 带 去

可以，我带你去。

真的　我 先 整理 行李　等 我 等+++

真的吗？我先整理行李，等我等我。

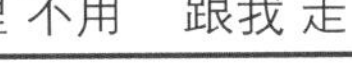

东西 整理 不用　跟我 走

不需要整理，跟我走。

啊

啊？

来　这 旅游 豪华 计划 随梦君 我 给你　请

来，这是随梦君向你提供的豪华旅游计划！请！

这 是 你 自 己 家

这，这不是你家吗？

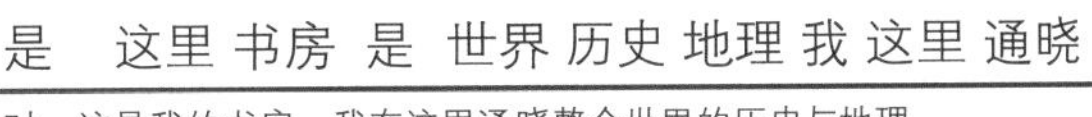

是　这里 书房 是 世界 历史 地理 我 这里 通晓

对，这是我的书房，我在这里通晓整个世界的历史与地理。

这 继续

这…… 继续吧。

过来 这里 厨房 是 有 人 来 这里 偷吃 经常

来，这是厨房，有一个人经常来这里偷吃。

偷吃 谁

偷吃，谁呀！

你

还不是你吗？哈哈

你 欺负

只知道欺负我呀！

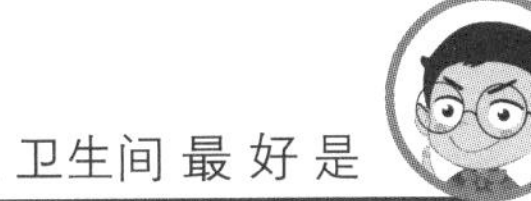

这 卫生间 最 好 是

哈哈，这是最好的卫生间。

知道 你 卫生间 坐 经常 持久

我知道了，你经常在卫生间待了很久都不出来。

这 这 你 逛街 完了 不行 多

哈哈。这些房间你逛不完的。

不要　外面 真实 我 要

不要，我更想要外面的真实世界……

2.1.2

词汇 & 句子

真实

1. 他的故事听起来很真实。
2. 她的表演非常真实，让人感觉身临其境。
3. 真实的友谊比金钱更有价值。

整理

1. 我需要整理一下办公桌上的文件。
2. 这个学期的学习资料需要好好整理。
3. 他把书架整理得井井有条。

行李

1. 我在机场转盘处等我的行李。
2. 请把我的行李送到我的房间里，谢谢！
3. 我打开行李箱，将我的衣服拿出来。

豪华

1. 这家酒店非常豪华，给我留下了深刻的印象。
2. 豪华的装饰为整个房间增添了高雅的氛围。
3. 豪华的宴会厅里摆放着各式各样的美食。

家

1. 这是一封家书。
2. 家是一个温馨幸福的地方。
3. 家是心灵的避风港。

厨房

1. 我把厨房收拾得干干净净。
2. 我从早忙到晚，弄得厨房一片混乱。
3. 妈妈围上一条碎花围裙去厨房做饭。

卧室

1. 我的卧室布置得很讲究。
2. 卧室里的光线很柔和。
3. 卧室的家具和墙壁的颜色十分和谐。

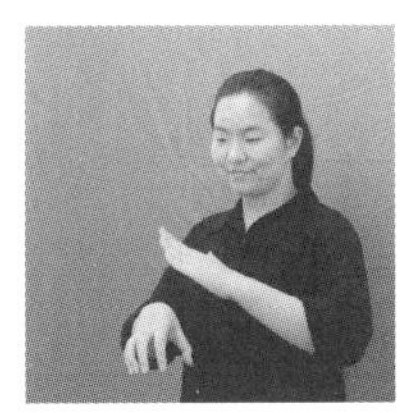

房间

1. 这个房间布置得很美观。
2. 每个房间有个门牌号。
3. 我打扫了家里所有的房间。

卫生间

1. 房子再小，卫生间也是万万不能缺少的。
2. 我能借用一下卫生间吗?
3. 我家卫生间的水龙头总是滴水。

书房

1. 我的书房三面都是书架。
2. 不要进书房打扰爸爸。
3. 装修新居的时候，我留出一个房间作为书房。

2.1.3

练习

一、看手语视频选择相应的词汇

（1）客厅
（2）窗户
（3）洗手间
（4）书房
（5）卧室

二、观看手语视频，尝试画出平面图

三、用手语描述你家的格局

2.1.4 语法要点 手语形式构成 1：手形

手掌以及手指的开合等构成各种形状，这是手语词的一个主要特征之一，即为手形。我们可以把手形当成一个整体来看待，比如伸出拇指在身前，表示“好”，这时手形就是一个点赞的手形，或如我们中国手语的数字“5”手形，即伸出 5 指等。

我们可以用手摆出各种形状，但是有些手形是不用的。一是因为比较难控制，比如无名指很少独用，因为无名指甚至都很难伸直，而单独使用其他四个指头都较为容易。此外，“无名指 + 大拇指”，“无名指 + 食指”，“无名指 + 小指”的组合都非常难做。因此我们也发现在任何一种手语中，以上这些组合作为手语手形都非常罕见。而有一些手形，比如手指数字“1”（伸食指），“5”（伸五指），8（伸拇食指），会普遍出现在不同国家的手语中。这种现象类似于有声语言中的有些音比较好发，因而较为常见，比如塞音 /p/、/t/，而大舌音因难发而在不少语言中没有。结构越复杂，越费力的手形标记性越强。而聋人孩子从小学手语时，也是先掌握简单的手形，慢慢再掌握复杂的手形。甚至他们会先用简单的手形暂时代替复杂的手形，就像儿化语一样。

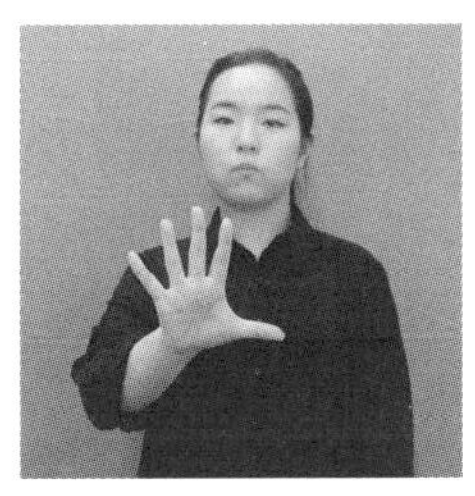

5

1

8

图例 2.1–1　最常用手形“5、1、8”

据《中国通用手语词典》统计，中国手语一共有 115 个手形（详见随梦手语 App）。

经典的音系学理论都是建立在“区别”和“对立”上的。所谓的“区别”是指手形的不同，可以区分不同手语词，而“对立”则是指具有对比性，比如前元音和后元音，这是前后的“对立”，体现在手语上，则表现为手指的闭合或伸展。我们现在主要讲前者，即区别性特征。区别性特征分为主要的和次要的。比如在口语中，元音的高度、前后以及是否圆唇这三类是其主要区别特征，其他则为次要区别特征，而辅音把发音位置当作主要区别特征。同样，在手形中也有主要区别特征，即决定手形的三个要素：拇指、其余四指以及手关节。为什么把拇指和其余四指分开呢？这是由我们的生理结构决定的。人类在进化过程中，大拇指和其余四指慢慢就长分开了，即所谓“巨擘”，我们可以使用大拇指更好地做各种复杂的协调动作。手的进化可能和人类早期使用工具相关，对于人类的演化起到了非常重要的作用。而人类的近亲，如黑猩猩的大拇指和其余四指差不多长，人类有些精细的抓取动作，黑猩猩是做不到的。

拇指有三种状态：收拢、伸出以及和四指不在同一个平面。而伸出经常是被选手指状态，收拢则不是被选手指状态。两者是可以组成最小对比对的，即两个手语词的区别只在于是否大拇指收拢，如中国手语词“四”（收拢大拇指）和“五”（伸出大拇指）的区别，“打”（收拢大拇指）和“好”（伸出大拇指）的区别。这种区别性特征即主要区别特征。而大拇指可以和其余四指在同一平面或不在同一平面，但这种区别一般不产生最小对比对的区别，被称为次要区别特征。

除大拇指之外，其他手指之间的关系有以下数种：分开、并拢、交映、交叠、掌关节、指关节。手语语音学家们发现，被选手指数组合一共有 11 种（大家可以算一算，抛除掉那些不可能的类型），其广泛存在于目前所见的手语语音类型中，甚至当年斯多基提出的 18 种基本手型[①]（目前所见的最精简的基本手型），也将这 11 种全部包括在内。因此，我们可以说，被选手指的基本组合是基本特征。那么分开和并拢这两个关系特征是主要特征还是次要特征？比如自然伸开的五指以及合拢的五指，以及自然分开的四指和并拢的四指（大家可以摆一下手指，有几类组合），以及自然伸开的三指（大食中、食中无、中无小），依此类推的是两个指头的组合，这些手指或伸开或合拢，会组成最小对比对吗？即两个手语词之间只有一个差别：一个是自然分开的，一个是并拢的。比如名词的“领导”，合拢打和分开打，虽然看上去不一样，但还是“领导”这个词。另外，以系统的数字词为例，数字“五”“四”“三”“二”分别打两个样子，意思有差别吗？如果没有。是否能找到因为这种关系产生的区别对立词？如果找不到，我们可能就要认为手指间自然分开或并拢，只是语音变体（phonetic variants）了。

再来看一下“交映”和“交叠”，我们可以发现使用“交映”手指组合的手形非常少，“姜”是其中一个。而用“交叠”也不多，有食指和中指交叠的手形词，比如“是”和“绳子”。“是”是一个非常常见的手语词。但是我们也发现，不少聋人在打这个词的时候不交叠在一起，就是用食中指并拢做一个下顿的动作。因此，“交映”和“交叠”可能也不是一个主要特征，详见图 2. 1–2。

是（交叠）

是（非交叠）

图例 2. 1–2　“是”的两种情况

根据张吉生教授对上海手语音系的研究，他发现主要的手型有 39 个，而手形有 61 个。这个数字远低于通用手语词典中的手形数（115 个）。可能存在两个原因，一是通用手语词典的词汇是个多种方言会集的系统，这样当然显得复杂得多（就像当年的《切韵》系统，也有人认为是一个中原音和当时的方音的杂糅系统，导致呈现出一个非常繁复的音韵系统）。二是考虑的是手形，而非手型，当然就显得多了。现实中，我们还是要认真学习并掌握各种手形的正确打法。让自己的动作做到位，做“标准”，便于“读者”（就是看你打手语的人）看懂。

① 此处是采用张吉生教授对上海手语音系的研究成果，用“手型”和我们通常指的语音层面的“手形”牙区分，“手型”侧重类型，有音位之义，起语音区分作用，而手形，则是指单纯语音上面，语音学层面而言。

学习重点　职业、兴趣爱好

2.2.1

小梦 现在2 集市 看 惊喜 会 有

小梦，现在带你去集市看看，会有你的惊喜！

好 出发

好哇！出发吧！

这咖啡馆 旁边 集市 聋人 多

看看，很多聋人在咖啡馆旁边花园集市。

多　聋人 真 厉害　香氛蜡烛 会　创意 针织 会　手工 饼干

哇！好多！聋人真的很厉害！居然会做香芬蜡烛、创意针织、手工饼干、

陶瓷 绘画 还有 遗产 剪纸　说话 完了 不行 多

陶瓷手绘、还有非遗剪纸，说个没完。

是　聋人 耳朵 听不见 除了　做 什么 可以　聋人 机会 勇敢 给 可以

聋人除了听，什么都可以做。只要敢于给聋人机会，

我们 做 出色 可以　给 社会 力量 贡献 社会 对于 我们 信任 回报 可以

我们也能做得更出色，为社会贡献一份力量！也能回报社会对我们的信任！

2.2.2

词汇 & 句子

咖啡馆

1. 我家附近有家开业十年的咖啡馆。
2. 人们坐在咖啡馆里悠闲地享受热腾腾的咖啡。
3. 咖啡馆是白领最喜欢的工作场所。

花园

1. 花园里的空气很清新。
2. 花园里百花争奇斗艳，一片姹紫嫣红的景象。
3. 这座花园布局雅致。

花艺师

1. 这位花艺师的精湛技艺赢得了评委的高度认可。
2. 在花艺师的指导下，我也能做出漂亮的插花。
3. 花艺师可以用一束花演绎出整个世界。

集市

1. 集市里人们来来往往，络绎不绝。
2. 集市上充满了嘈杂的声音。
3. 那村庄每月有一次集市。

拜访

1. 今晚我要去你家拜访你，方便吗？
2. 我最好的朋友小李就住在附近，我们顺路去拜访他吧。
3. 他翻山越岭寻找高人求教人生智慧。

机会

1. 这个社区提供了很多机会让人们参与志愿服务。
2. 不要等待机会，而是要创造机会。
3. 机会往往留给有准备的人。

陶瓷

1. 叔叔是艺术家，他喜欢每年春夏之际去景德镇潜心创作陶瓷。
2. 我迷恋于宋代青瓷的色彩之美。
3. 中国是世界陶瓷制造中心和陶瓷生产大国。

除了

1. 我喜欢除了榴莲之外的所有水果。
2. 除了运动，他还是一个音乐爱好者。
3. 除了英语，他还会说法语和日语。

回报

1. 做人要知恩图报。
2. 我因离开公司，没能回报上司的好意。
3. 努力了是一定有回报的。

2.2.3

练习

一、看手语视频选择相应的词汇

（1）（　　）是这家咖啡馆的招牌。（咖啡　甜点　蛋糕）
（2）我报了个（　　）班准备好好学习。（西点 烹饪 花艺）
（3）我工作非常（　　），最近一周更是每天工作到深夜。（忙碌 清闲 辛苦）

二、看手语视频判断正误

（1）工作与生活要做好平衡。（对 / 否）
（2）在游泳馆安全员的监督下，孩子们在游泳池中玩耍。（对 / 否）
（3）司机在驾驶时必须严格遵守交通规则。（对 / 否）
（4）这位教授在学术界享有很高的声誉。（对 / 否）
（5）我工作三十年后终于退休了。（对 / 否）

三、用手语聊聊你的工作

2.2.4 语法要点　手语形式构成 2：位置和朝向

我们经常拿口语和手语做对比，有两点优势：一是因为对口语的研究比较充分，我们经常借用口语中的概念来理解手语中的现象；二是两种不同模态[①]语言间的差异和共性。接 2. 1. 4 节讲的手形，我们继续讲述其他特征。在打手语时，我们的手是在空间中的，因此一定会占据相应的位置，并且手经常是在运动的，这时我们就要考虑位置和运动在手语词中起的作用。同样，我们要考虑是否这些不同的位置或运动会产生最小对比对，答案是肯定的。举个简单的例子，在中国手语中，大拇指放在嘴唇部位，意思是“爸爸”，但是放在胸部，就是“主人”的意思。

在口语中，我们发的每个音（无论元音还是辅音）都有发音部位，比如国际音标中 /p/ 和 /b/ 发音部位是一样的，而 /m/ 和 /k/ 却不同。但是发音部位在口语中不能独立存在，而像辅音的一个特征。而且除露在外面的嘴唇运动，口语发音器官的运动是很难被直接观察到的。手语则不然，手语词汇的发音位置是可见并独立存在于手形之外的。对于位置，首先要以我们自身为中心点，将立体空间划分出三个平面出来：一是跟我们身体正面平行的平面，称为“垂直平面”（图例 2. 2–1 图一）；二是水平面（图例 2. 2–1 图二）；三是前后形成的体侧平面（图例 2. 2–1 图三）。我们打手语时所有的位置都在这三个平面上。而垂直平面和我们的身体平行，也最为相关，打在我们身体各部分的手语词都属于这个平面。

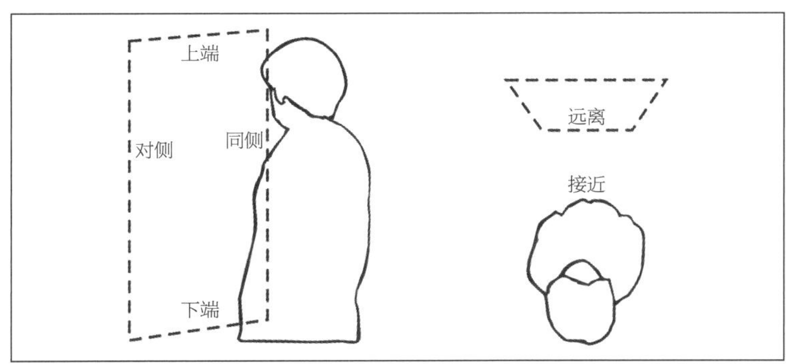

图一　X 及 XB 平面上切点改变的值

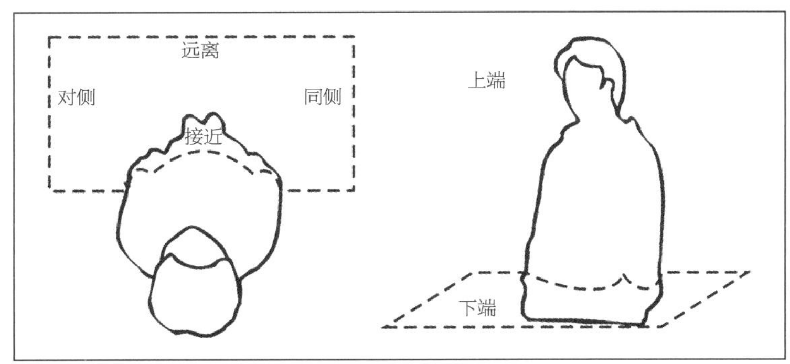

图二　Y 平面上切点改变的值

① 这里所谓的模态，就是语言使用的介质和通道。口语是“口耳之学”，而手语则“手眼之学”。

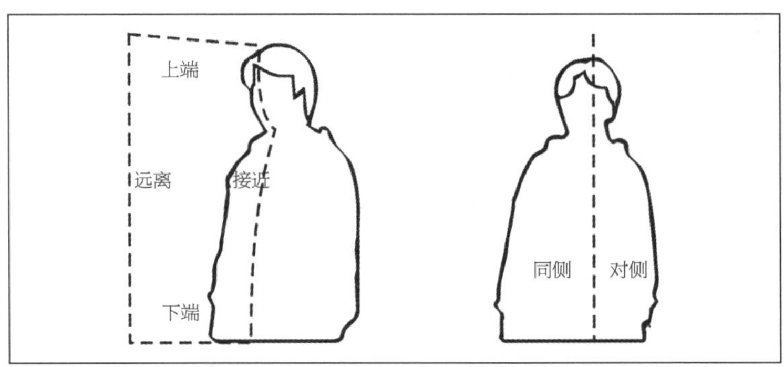

图三　Z 平面上切点改变的值

图例 2.2-1　立体空间三个平面

美国的语音学家 Brentari 曾通过对美国手语的研究，提出身体位置的四大主要区域，即头部、身体、手臂、辅手（在涉及双手词经常不运动的，或跟着运动的手），然后对每个区域再进一步划分细节。比如头部，她又细分了 8 个不同的位置：头顶、额头、眼睛、脸颊 / 鼻子、上唇、嘴、下巴尖、下巴底。而张吉生教授则在他的著作《上海手语音系》中根据上海手语的情况，做了大同小异的划分。虽然在位置细节上有区别，但主要区域是一致的。比如，上海手语中，有个发音部位是“腋下”，比如“周一”，是从腋下抽出。这些细小差异在语言之间是正常的，主要体现在不常用的音素上。我们是怎么划分出这些位置的呢？还是通过找最小对比对。比如“笨”和“难”，其他的地方都是相同的，都是手指并拢手形，敲打的动作。但是“笨”是敲打前额，而“难”是敲打太阳穴。

笨

难

图例 2.2-2　笨、难

而朝向后来也被列为手语的一个要素。根据生理运动学的原理，手形的朝向有六种基本类型：掌心向左，掌心向右，掌心向内，掌心向外，掌心向上，掌心向下。相当于每个平面都有一对朝向。朝向也会形成最小对比对，比如“钱”和“灰尘”这两个词，都是拇指、食指以及中指互相捻动。但是“钱”的掌心是向上的，而“灰尘”的掌心是向下。因此，朝向也应为被考虑的一种音位。

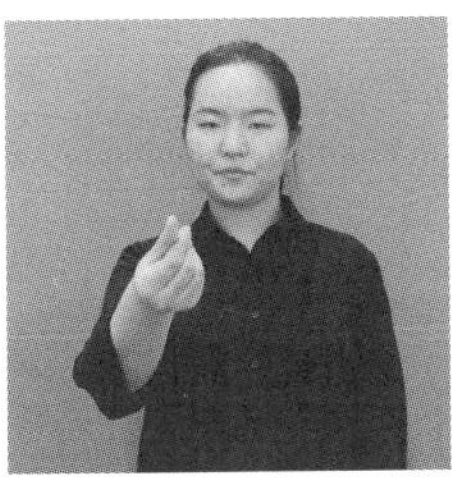

钱

灰尘

图例 2.2-3 钱、灰尘

2.2.5 文化小贴士 聋人聊天话题特点：初次见面就查户口？

大家都知道，手语是一门以视觉模态为主要特点的语言，而聋人也主要依靠视觉来接收信息，他们见面打招呼的方式比较独特，与听人不同。除此之外，聋人聊天的话题也很有特点，这与聋人的社交圈有着密不可分的联系。

中国约有 14 亿人口，其中聋人约有 2780 万人，在全国人口中占比近 2%。然而，由于聋人主要呈散居状态，几乎没有大量聋人长期共同生活的情况，加之聋校数量少，如全上海仅有 5 所聋校，聋人社交圈之小可见一斑。而这种小得不能再小的社交圈状况，使得聋人在问候方式和聊天话题方面有着不同于主流文化的个性特点。

聋人认识了新朋友，通常都会先问对方的一些基本个人信息，还会问对方婚否、以前读哪所聋校、认识不认识某人等。在不少听人看来，有的问题在初次见面时就被问及，有些不太妥当，听人觉得这是个人隐私，不愿轻易告诉他人。而聋人询问的出发点并非想探知对方的个人隐私，而是单纯希望和对方有同样的求学经历、有共享的朋友，可以拉近双方距离、增加亲切感，有话题可聊。当然，寻找另一半也是原因之一。有时，聋人还会问对方曾就读学校的老师是哪位？如果运气好，刚好是彼此都认识的老师，则会有更多的聊天话题，或可能通过老师帮忙介绍对象，这也是聋人社区内部婚恋配对的渠道之一。

学习重点 人际关系

2.3.1

来 我 朋友 介绍 认识 部分 我 同学 一起 部分 我 读书 前辈

来，认识一下我的朋友们。有的是我的同班同学，有的是我的学校前辈，

部分 读书 后辈

有的是我的后辈。

学校 读书 一起 人 多

哇，这么多人和你同一个学校啊。

我们 长大 是 有 人 我 打架 长大 关系 亲密 仍旧

我们都是一起长大的，有的人和我打架长大，但是关系特别好！

打架 不 认识 不 朋友 一生 永远

不打不相识，友情长存。

我们 班级 融合 试点 第一

我们班级是第一个融合试点。

融合 试点 意思 什么

什么是融合试点？

学生 听人 聋人 读书 一起 知识 教 手语 口语 一起 用

听人和聋人一起上课，采用双语教育方式来教授知识。

听 第一 神奇

第一次听到，好神奇！

老师 听人 聋人 配合 互相 给 学生 语言 自由 选择 学习

听人老师和聋人老师互相配合，让学生自由选择语言来学习。

好 你 同学 听人 有 手语 会

真好！那么说你有听人同学啦！听人同学会打手语？

会 和 玩 聊天 愿意

当然会，愿意和我一起玩聊天。

你 人缘 好

你人缘很不错。

一般 一般

一般一般 哈哈

2.3.2

词汇 & 句子

打架

1. 小明和小强在操场上打架。
2. 老师警告他们不能再打架了。
3. 我因为和他打架而受伤住院了。

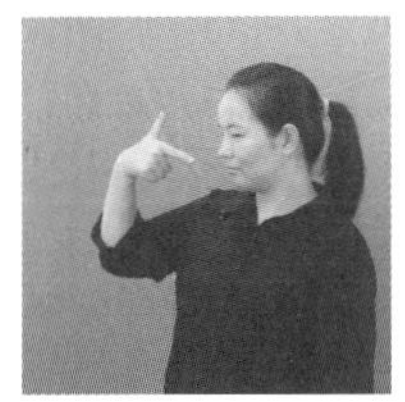

前辈

1. 他比我高两个年级，他大四我大二。
2. 看到这位女士了吗？在高中里她是我的学姐。
3. 虽然他是我的前辈，但是在工作上反倒是我的下属。

后辈

1. 我知道他，我高他一个年级。
2. 我不认识他，我和他相差了很多届呢。
3. 我对学弟学妹们很是关照。

试点

1. 这家咖啡店是扶持残障人创业就业的试点单位。
2. 农村医疗改革经过一年的试点，即将全面铺开。
3. 今年有一百多所学校参加了教育改革的试点。

融合

1. 科技与人文的融合是个重要趋势。
2. 这个新设计融合了中西的优点。
3. 她的作品融合了宋代山水画和近代印象派的风格。

配合

1. 请你配合我们的工作。
2. 我配合上级单位按时完成了工作。
3. 他们配合默契，取得了一场大胜。

互相

1. 他们在舞台上互相成就，奉献出一部精彩的音乐剧。
2. 我们互相尊重。
3. 我们在工作中互相支持。

双语

1. 小学一年级就把英语列为主课，并实行双语教学。
2. 我要了一份双语的周报。
3. 我能说普通话，又能打中国手语，是个熟练的双语者。

一般

1. 我的周末一般都是在家中度过的。
2. 这道菜的味道很一般。
3. 一般来说，人都喜欢和诚实的人交朋友。

人缘

1. 他的人缘非常差，没有人愿意和他交往。
2. 人缘好的人总是能够更容易地得到机会。
3. 他的爸爸人缘很好，有很多的好友。

2.3.3

练习

一、看手语视频选择相应的词汇

1. 双语　2. 融合　3. 试点　4. 前辈　5. 一般　6. 人缘

二、用手语翻译以下句子

（1）我要向学姐请教。
（2）姑妈和爸爸感情很好。
（3）聋人运用手语和外界进行交流。
（4）我的亲戚询问我的工作情况。
（5）我住了半年都不知道邻居的名字。

2.3.4 语法要点　手语形式构成 3：运动

运动构成了手语的基本成分，绝大多数的手语词都包括运动。有些手语语音学家将手语词中的运动比附成有声语言的元音。这个比方有些地方是合适的，比如元音承担音节的音核，元音有响度，而手语词的运动在视觉上也是最为凸显的，常通过运动幅度来展示响度。当然，在有些地方是不能类比的。我们之前谈到手形，有人将之比附成辅音。手形和运动以及位置方向等相配合形成手语词的语音。但口语语音中的辅音是音段，而像重音或音调属于超音段，即超越音节的范围起作用。音段结构复杂，由多个类型特征组合而成，比如 /p/ 发音位置是双唇，发音方式为塞音（即先闭住气流通道，然后突然解除障碍等）。而超音段则是经常以单一特征的方式出现，比如声调，要么扬、要么抑（用 L/H 来分别表示）。在手语中，我们发现手形是复杂特征组合，但是位置、朝向和运动，好像是以单一的特征方式呈现。但又不能将它们称为超音段，因为在许多手语词中，手形保持不变，而运动发生变化。因此，我们要了解口语和手语的异同。

我们还是要根据人体的运动生理学（即涉及不同的关节）划分运动。如果以躯干为中心，看整个手臂，离我们越近的关节涉及的运动幅度越大，而离我们越远的则越小：1）肩关节；2）肘关节；3）腕关节；4）掌关节；5）指关节。近的关节，其运动将支配远的关节。肩关节支配整个手臂的活动，而肘关节支配小臂的活动。腕关节支配手腕的翻转、屈伸；掌关节支配手掌的平伸和弯曲；指关节支配手指的屈伸。

作为手语词四大要素之一（其他三者：手形、位置、方向），运动也难构成最小对比对。而运动这一要素形成了一个语法要素，即动作运动方向与施受关系的一致性。比如："借进""借出"，一个是向靠近说话人方向运动，一个是向远离说话人方向运动。当然也有反映位移的，中国手语中的"去"和"回"，也是一个向外运动，一个向内运动。但我们怀疑中国手语中"去"和"回"的区别，是受到了汉语的影响。

运动按是否在词汇内部，可以分为：词内运动以及韵律运动（词汇之间的、过渡性的），而按照涉及的关节主要分为两类：一是路径运动，包括肩关节或肘关节，这两种运动会导致发音位置的改变（比如"姐姐"一词从下巴区域移动到了耳部）；二是局部运动，由腕关节、掌关节或指关节发出，造成手形改变、手的方向改变或手指本身的运动。而在 Brantari 提出的手语语音韵律模型中有以下层级：

锚点肩关节如何动，确定动作的起终点，比如：近身、远身；异侧、同侧；上部、下部。例如："北京"发生在躯干，手从上部异侧移到底部同侧，详见图例 2.3–1：

北京

图例 2.3–1　"北京"的锚点

路径（肘关节如何动，比如画圆或走直线）例旭：“整理”，详见图例 2. 3–2：

整理

图例 2. 3–2　“整理”的路径

方向腕关节通过运动，从而控制手掌运动的方向。可分为四类：掌心下翻，掌心上翻，手掌伸展，手掌向上收缩，详见图例 2. 3–3：

合上书（掌心下翻）

恢复（掌心上翻）

打招呼（手掌伸展）

可以（手掌向上收缩）

图例 2. 3–3　四类方向

开合受选手指的运动（但这里称“开合”多少会有点混淆，因为手指的运动不只是开合），详见图例 2. 3–4：

厚

薄

图例 2.3–4　“厚”“薄”的开合对比

总之，运动是手语词中的一个重要区别特征，起区别词义以及语法义之用。

2.3.5 文化小贴士　求同存异：口语聋人与手语聋人相处，需要注意什么?

聋人是一个具有包容性语言文化意义的人群概念，他们在听力程度、教育经历、身份认同、生活方式等方面，拥有更为相似的生命体验，而后以认同聋人文化、支持自然手语为核心结成实践共同体。

在实际生活中，由于语言偏好、语言能力等因素的不同，我们大致可以进一步将聋人分为口语聋人与手语聋人两类。虽然都是聋人，但是二者在语言选择和相处方式等方面都或多或少存在较为明显的差异。

手语聋人与口语聋人在交流时，彼此之间有哪些问题需要注意呢？首先，大家都知道，在使用手语聊天时双方必须对视，这是手语本身的视觉交际特性，所有手语者都需要遵守。其次，打手语时不要打得过快。如果语速过快，口语聋人可能难以跟上、影响理解，使得双方出现不必要的误会，造成不愉快的聊天情形。再者，口语聋人打手语通常比较慢，手语聋人需要耐心一点，不要着急。此外，口语聋人尽量不要在手语聋人面前同他人使用口语交流，这种行为造成的视觉—听觉信息不对称可能会使手语聋人感觉不被尊重。反之亦然，手语聋人在口语聋人面前也尽量不要自顾自地与他人飞快地打手语交流。最后，“本是同根生，相煎何太急”，将人群归类是人类理解自身和世界时的简化做法，我们不应该被固化的人群概念束缚。这对聋人群体内部有着不同语言偏好、语言能力的个体尤为关键，我们不能互相歧视或抱有偏见，而需要双方互寻优点、团结互助。我们的社会越来越拥抱多元化，对异质个体保持基本的尊重和理解是这个时代对每个人的要求。

学习重点　酒店

3.1.1

今天 周六 周日　我们 去 度假 干脆

这个周末来一场说走就走的度假旅行吧！

你 忽悠我 频繁　看 地图 环游　或者 家 到　思考 人生

你忽悠了我那么多次……不是让我去看地图，就是让我去你家思考人生。

我 上当 经历过 再 不要

我再也不要上当了。

这 真　我 中奖 正好　酒店 住 一天 免费　我 带　享受

哈哈，这次是真的，我正好中奖了，可以去酒店免费住一晚，我带你去享受享受。

真的　我 行李 整理

哇，真的耶！我马上整理打包！

（两人来到酒店）

请 给　标准 房间 2　招呼　你 身份证 给

请给我两间标准房。小梦，拿你的身份证给前台。

他们 说 我们 刷脸 登记 要　脸 对于 摄影头　是

他们说要我们刷脸登记，脸对着摄影头，对。

入住 可以　走

可以入住了，走吧！

酒店 有 游泳 健身 按摩　各种

哇！酒店里有游泳池、健身房、SPA……

关键 酒店 餐厅 美食 多　我 饿 吃 快 去

关键是酒店餐厅有很多美食，我饿了，赶紧去吃！

原来 你 来 这 目的 吃

原来你来这里是为了吃……

3.1.2

词汇 & 句子

度假

1. 这个度假村非常适合旅游，周围有很多著名的景点。
2. 在寒冷的冬天，去南方度假是个不错的选择。
3. 度假是一个放松心情的绝佳方式。

上当

1. 他不慎上当，被骗去了钱财。
2. 不要贪图小利，否则容易上当受骗。
3. 你要记住这次教训，以后不要再轻易上当。

酒店

1. 这家酒店的服务态度非常好，我们住得很舒适。
2. 这家酒店有许多不同的餐厅和美食可供选择。
3. 我们计划在下周的会议结束后去酒店住宿一晚。

舒服

1. 这个小区的建筑错落有致，让人感到很舒服。
2. 奶奶身体不舒服，可能是感冒了。
3. 吃了退烧药，我感觉舒服多了。

标准房

1. 妈妈预订了一间很大的标准房，舒适惬意，夜晚很安静。
2. 酒店标准房的价格是每晚两百元。
3. 由于两间房的价格太贵了，我和姐姐就订了一个标准房。

前台

1. 前台有存放贵重物品的保险柜。
2. 这家酒店的前台服务很不错。
3. 前台接待员为来客预订房间。

入住

1. 一下车我们就登记入住酒店了。
2. 入住客人可以使用酒店的游泳池，每天早上可享用免费的中西式早餐。
3. 酒店一般是下午两点登记入住。

游泳池

1. 游泳池里挤满了人。
2. 小张跑到游泳池边，一纵身跳进水里。
3. 由于游泳池水温太低，小王的腿抽筋了。

健身房

1. 我经常去健身房锻炼身体。
2. 在健身房里，我可以使用许多不同的健身器材。
3. 我喜欢去健身房，因为我可以和许多人一起分享健身的快乐。

按摩

1. 按摩可以帮助我放松身体，缓解疲劳。
2. 我经常在运动后去按摩，这有助于缓解肌肉紧张。
3. 我喜欢和朋友一起去按摩店，一边享受按摩一边聊天。

3.1.3

练习

一、看手语视频选择相应的词汇

（1）spa
（2）登记
（3）入住
（4）标准房
（6）游泳池

二、观看手语视频，用手语复述并翻译成汉语

三、将如下句子翻译成手语

（1）我明天退房。
（2）我在酒店订了一间商务房。
（3）前台可以寄存行李。
（4）尽管服务员工作很累，但他们始终保持着微笑。
（5）旅客在入住酒店前需要登记个人信息。

3.1.4 语法要点　手语形式构成 4：非手控

非手控是指不通过手来表达的手语成分的总称。因此，“手语”这个词是有一定误导性的，就像“口语”也是有一定误导性一样。我们能够说口语，是靠我们的口，鼻腔、胸腔、声道等。而我们打手语时，其实“一身都是戏”，即我们经常调动全身各处一起协动表达，而除了手之外，其他的表达要素，往往是有语言学意义的。非手控又称“表情体态”，但为了和人们常说的“表情”区分开，我们使用更加客观和学术化的“非手控”这个术语。早期聋教育学者傅逸亭和梅次开曾做过一个这样的实验来证明脸部表情的重要性，发现当脸全部被盖住时，只剩下 20% 的信息。

非手控可以有好几种分类方式：一种分类是按发音器官来区分，主要分为以下几类：一是面上部表情类，眉动（扬眉、皱眉、低眉）、眼动（眨眼、瞪眼）；二是面下部动作，主要是口部。口部动作，可进一步分为口字和口动，前者是在打手语时，对应做口语词的口型，而后者则是对相应动作的模仿，例如咬下嘴唇，以示坚决或费力的样子；三是头动，摇头，点头，顿头，侧头，等；四是体动（侧身，前倾，后仰，等）。

而如果按非手动的功能来分，大致可以分为三类：一是单独成词；二是语音元素，相当于除了手形、位置、运动、方向之外的第五要素；三是起语法或韵律作用。我们举例详述前两点。

1）单独成词

头部运动中的“点头”“摇头”是两个最常用的可独立成词的非手控词，分别表示肯定和否定的意思。当然这两个非手控词也可以和手控词同时使用。而有些非手控词，比如“鼓腮”和“吸腮”相当于程度副词，前者表示“非常大、胖、重、多”等，而后者表示“非常瘦”。

鼓腮

吸腮

图例 3.1–1

2）语音要素，即伴随动作或表情，这些非手控伴随并配合着手动词。缺少了这些伴随性的非手控，这个手语词将不完整，即在这种情况下，非手控要素是必不可少的，不然会不自然；另外，这类非手控也可以组成最小对比对，即两个词之间，可能其他都相同，只有非手控信息不同。

具体又可细分为如下三类：第一类是伴随口部或眼睛等运动相关的词。如“鳄鱼咬”，这个词的手控词打法一方面两手要模仿鳄鱼的大嘴从开到合的运动，同时口部要伴随做咬的动作。再如“辣”，则是在打 L 手形时，要微伸出舌头，以模仿吃辣时舌头的生理反应。打“臭”这个词时，同时要皱鼻子，不然在上海手语中可能会被误认为是“忙”（详见图例 3.1–2）。而打“睡觉”这个词时，一般要伴随着偏头加闭眼的动作，打“雾”这个词眼睛要呈迷离状，如此等等。

臭

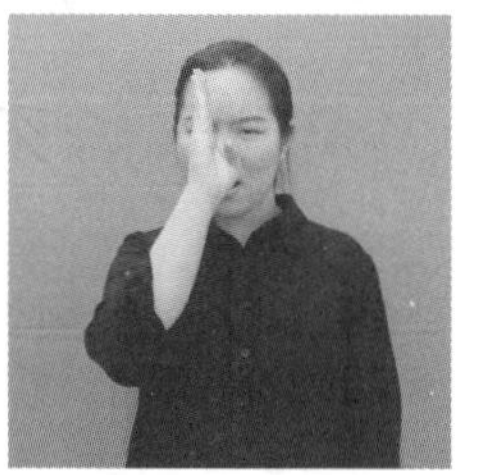
忙

图例 3.1–2

第二类是和心理感受相关的词。因为这些词经常会有对应的面部表征，在打相关心理词汇时，这些伴随性的面部表情类非手控是必要的，即如喜、怒、哀、乐、惧等基本的情绪。比如表示“快乐”，需要同时展现眉头舒展，面露喜色。比如表示惯常行为中的消极类词，我们也会伴随以消极的姿势及面部表情，如：“侧头”这一动作在以下三个消极词中的表现，详见图例 3.1–3：

侧头

拒绝

不理睬

不听

图例 3.1–3

第三类是前文提到的口动口词，即我们口动是模仿对应的口语发音的。全世界受教育的聋人都会受到口语的影响，努力学习对应口语的发声，而这些对口语词的模仿，渐渐随着教育进入到手语的词汇中，成为手语词的一部分，其作用是不可忽视的。在必要时，需要通过口动口词来区分词，如“晃食指”可以表达“谁，什么，哪里，怎么”等词，这个时候，口词是重要的区分要素，详见图例 3.1–4：

（a）什么

（b）哪里

（c）怎么

图例 3.1–4

这种情况在其他国外手语中也同样存在，比如德国手语的“最近”，也需要伴随一个口部动作，详见图例 3.1-5：

图例 3.1-5　最近（德国手语）

人们常常误以为非手控在不同手语中的使用是一样的，实际并非如此。比如在印度，摇头不表示否定，反而表示“肯定”；而在土耳其手语中，用微微向后仰头来表示否定。我们还要意识到，简单地将非手控和口语中的成分进行比较是不适合的。比如有的学者尝试将词汇层面的非手控的功能和有些口语（比如汉语）中的字调对应起来。

学习重点　节假日

3.2.1

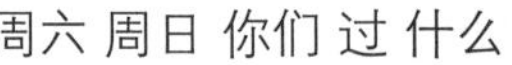

周末你们怎么度过？

每周　周末 一直好 我 亲属 带 周围 附近 旅游 会　爸爸
每逢周末，我家人会带我们去周边旅游，我爸爸

自己 开车 旅游 喜欢
喜欢自驾游。

好　我 是 等 国庆 7天 加 公司 年假 周末 一共 14天 足够
这么好，我等国庆七天外加公司年假，再凑上周末就可以拼出一个两周长假，

飞机 火车 船 各种 环游 爽
各种搭乘飞机、火车、游轮，玩得很爽的！

每年 春节 我们 回 老 家 拜年 要　至 元宵节 回来 上班
每逢春节我们得回老家拜年，一直到元宵节才返回上班。

情人节 还有 农历 7 7 度过 怎么
情人节还有七夕怎么过？

我 男 恋人 没有 经历过 没有
哎呀呀，我连男朋友都没谈，还没过这两个节日呢！

除了 除了　然后 假期 3天 比如 劳动节 端午节 中秋节 元旦节 其他
跳过跳过。接下来是劳动节、端午节、中秋节、元旦等三天小假。

你 度过 怎么
你怎么过的？

我 出门 不　到处 人 多++ 有 1 路 高速 堵车+++ 教训
我不出门，到处人山人海，有次我们被堵在高速公路上堵出了心理阴影！

市 中心 范围 逛街 可以　耐心 仔细 寻找　人 少 景色 美丽 发现 会 一定 可以
你可以在市区到处逛逛，用心寻找，一定能发现人迹罕至的美景！

3.2.2

词汇 & 句子

国庆

1. 国庆节是祖国的生日，也是全国人民的盛大节日。
2. 国庆期间，全国各地都举行了丰富多彩的庆祝活动。
3. 国庆节就要到了，大家可以计划一下怎么度过这个假期。

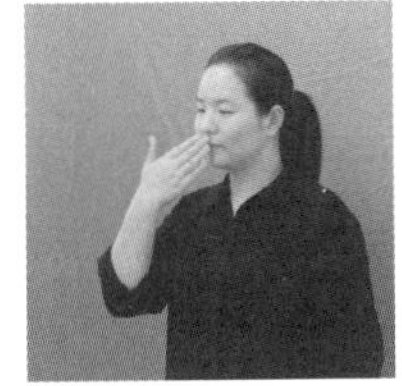

年假

1. 我计划在年假期间去旅游，放松一下身心。
2. 在这家公司工作，每年都可以享受到带薪年假。
3. 根据公司规定，员工在离职时应该将年假的工资结清。

爽

1. 打了一场球，他感到浑身都爽快。
2. 假期结束，又要开始工作，真是有点不爽啊！
3. 运动后喝一杯冰镇饮料，简直爽极了！

春节

1. 春节的日期是根据农历来计算的，通常在农历正月初一。
2. 春节前，家家户户都会进行大扫除。
3. 我喜欢在春节期间拜访亲戚和朋友。

拜年

1. 每年春节，我都会给远方的朋友打电话拜年。
2. 拜年的时候，长辈们通常会给孩子们压岁钱。
3. 在线拜年是一种新兴的拜年方式，越来越受到年轻人的喜爱。

元宵节

1. 今天是元宵节，我们一家人一起吃了美味的汤圆。
2. 在元宵节期间，大街小巷都会挂满了彩灯，非常热闹。
3. 猜灯谜是元宵节期间的一项主要活动，我们常常会互相出谜语来猜。

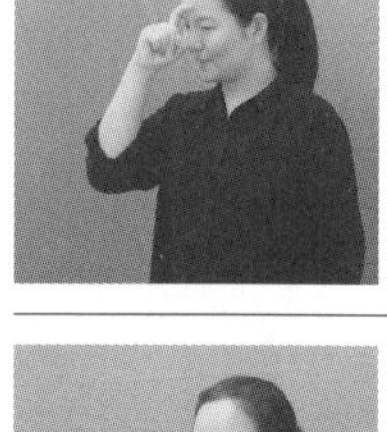

情人节

1. 在情人节期间，许多人都选择为他们的爱人送上一束玫瑰花。
2. 情人节不仅仅是一个节日，更是一个表达爱意的机会。
3. 情人节那天，我们一起享受了一顿浪漫的晚餐。

劳动节

1. 劳动节是全世界劳动者的节日，我们应该好好庆祝。
2. 劳动节期间，我参加了志愿者活动，为社会做出一份贡献。
3. 劳动节是几月几日？我不清楚。

端午节

1. 端午节吃粽子、赛龙舟、挂艾草等，都是必不可少的传统活动。
2. 端午节起源于中国的春秋战国时期，历史悠久，文化底蕴深厚。
3. 端午节包粽子是为了纪念屈原，弘扬爱国主义精神。

中秋节

1. 我最喜欢的节日之一就是中秋节，因为可以吃到美味的月饼。
2. 中秋节是团圆的象征，人们会在这一天拜访亲朋好友。
3. 在中秋节这一天，人们都会去户外赏月。

3.2.3

练习

一、看手语视频选择相应的词汇

（1）建军节
（2）七夕
（3）国家法定假日
（4）妇女节
（5）青年节

二、看手语视频判断正误

（1）中国人民解放军建军纪念日是八月一日，现役军人放假半天。（对 / 否）
（2）妇女在妇女节放假半天。（对 / 否）
（3）全体公民放假的假日，如果适逢星期六、星期日，应当在工作日补假。（对 / 否）
（4）圣诞节这天，商家纷纷举办活动。（对 / 否）
（5）我好想过儿童节。（对 / 否）

三、用手语说说你最喜欢的节假日及理由

3.2.4 语法要点 手语音节和韵律

如何定义手语词中的音节？主要还是看运动。Brentari 提出的计算音节的方式也同样适用于中国手语：

1）一个序列的手语词的音节等同于同样序列的运动；

2）当几种更短的运动和一个更长的运动同时进行时，音节由这个更长的运动决定。比如：中国手语的“花”或者“多”，前者除了路径（垂直）运动，还同时伴有手形从收拢到展开的过程，而音节的音核是在路径运动上。后者也是在路径（水平）运动的同时，伴随了一个手指抖动的运动，同样我们就算一个音节，并且是在水平运动上。

音节是一个重要的语音学概念，以各成分的响度为依据，有起始—音核—节奏，在有声语言中，一个元音或一个元音与辅音的组合，大体为一个音节。如：汉字基本都是单音节的，现代汉语中双音节词占优势。同样，手语词的音节信息，也是我们了解手语的一个重要方面，依据 Lillo–Martin 和 Sandler 提出的标准来区分手语中的音节概念，是将手语中的路径运动当成一个类似口语中元音的性质，因为路径运动会涉及位移变化，路径移动中可能会涉及手内运动，而这个手内运动是在路径运动的时间内展开的，不作为手语音节依据。例如，中国手语中的“花”，手形上有一个从五指合拢到全部展开的过程，同时有一个向上的路径运动，根据上述标准，“花”是一个单音节词。

另外，需要注意到音节与义素的不同。例如中国手语中的“姐姐”，打法是先用中指在下巴上点一下，然后用拇指食指捏耳垂。我们发现，该词的手形、位置从初始到结束是有变化的，但路径运动只有一次，即手从下巴移动到耳部，所以“姐姐”是单音节词，但可以分析成双义素。（详见 3.2–1）如果按 Sandler 对义素的定义来判断，每个义素对应一套必选手指，那中指点下巴被选中，其义素为“同辈中较年长者”，而食指与拇指捏耳垂，表示“女性”，“姐姐”即为单音节双义素词。判断音节对应的路径运动，是从音系学的音节出发，实际运动可能会出现重复，如上海手语词“爸爸”“妈妈”。根据专家的研究，手语语料库的高频词多为单音节词，而手语中的外部借词则经常会出现多音节现象。

姐姐

图例 3.2–1　姐姐

学习重点 娱乐

3.3.1

我 歌剧 票 有 2 你 兴趣 有

我有两张歌剧票。你感兴趣？

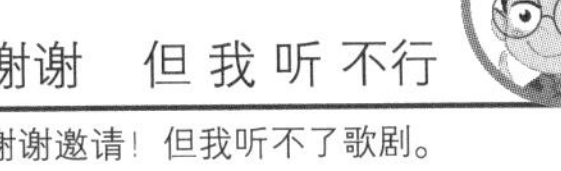

谢谢 但 我 听 不行

谢谢邀请！但我听不了歌剧。

可惜 这 歌剧 手语 翻译 没有

可惜，这歌剧没有手语翻译服务。

所以 歌剧 我 欣赏 不行

所以我无法欣赏歌剧。

遗憾 下次 其他 票 邀请 再

真遗憾，下次我有别的表演票再邀请你。

好 平时 看 喜欢 什么

好呀，你平时喜欢看哪些？

话剧 舞蹈 我 喜欢 特别 古典 芭蕾 舞蹈 现代 舞蹈 一样 喜欢

我喜欢话剧，也喜欢舞蹈，特别是古典芭蕾舞，我也喜欢看现代舞，

表演 原创 有 或 实验 有 全部 看 会

有原创性的实验性的都会去看。

你 品味 好 高雅 艺术 欣赏 可以

你的品位很好，能欣赏高雅艺术！我呢，主要的是摇滚音乐节

你 说 歌剧 听 不行 摇滚 听 可以 为什么

你不是不能听歌剧吗，为什么摇滚音乐节就可以了？

听 不行 是 他们 摇滚 优点 震动 节奏 强烈 我 身体 感觉

虽然听不见，但是他们摇滚有强烈的震动节奏，我身体能感觉到，

可以 给 身体 跳舞

使整个身体能嗨起来。

有趣 下周 摇滚 音乐 节日 一起 走 一起 跳舞

有意思啊！下周我们一起去摇滚音乐节，一起嗨起来吧！

3.3.2

词汇 & 句子

歌剧

1. 意大利是歌剧的故乡，许多著名的歌剧作品都在那里诞生。
2. 歌剧的舞台效果非常出色，让人身临其境。
3. 在世界著名的歌剧院观看演出，是一种难得的艺术享受。

艺术

1. 艺术是人类智慧和情感的结晶，是人类文化的不朽灵魂。
2. 艺术作品可以跨越国界和文化，让人们产生共鸣和交流。
3. 我喜欢艺术，可以表达人们内心的情感和思想。

话剧

1. 话剧在中国有着广泛的受众群体，也有着悠久的历史和文化背景。
2. 我觉得话剧比电影更具有现场感和互动性。
3. 话剧的表演需要演员们进行深入的角色研究和情感体验。

舞蹈

1. 舞蹈需要练习和技巧，同时也需要激情和创造力。
2. 舞蹈可以传达情感和故事，让人们感受到艺术的力量。
3. 练习舞蹈可以提高身体的柔韧性和协调性。

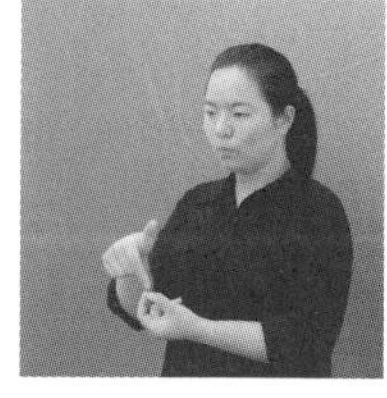

古典

1. 古典文学中蕴含着许多智慧和历史，值得我们去品读。
2. 古典音乐会吸引了众多观众。
3. 这本古典书籍成为畅销书。

芭蕾舞

1. 芭蕾舞的动作要求非常高。
2. 芭蕾舞很美，我看得入了迷。
3. 我学会了跳芭蕾舞的基本步法。

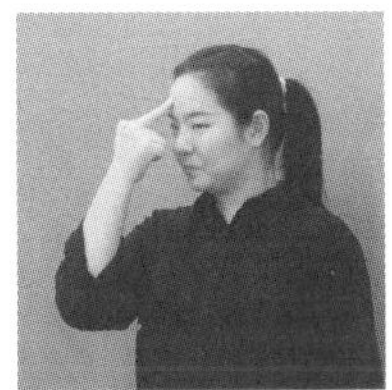

高雅

1. 在高雅的社交场合，他表现得非常得体。
2. 他的言谈举止非常高雅。
3. 他对高雅文化有很深的理解。

音乐

1. 音乐已经成为人们日常生活中不可或缺的一部分。
2. 他在学习弹钢琴，想要成为一名音乐家。
3. 音乐可以治愈人的心灵。

摇滚

1. 我之所以喜欢摇滚乐是因为它的节奏很有动感。
2. 摇滚乐队的吉他手弹奏得非常出色。
3. 在音乐会上，摇滚乐的表演者总能带动全场气氛。

节奏

1. 音乐的节奏常常决定了舞者的步伐。
2. 这个舞蹈的节奏与音乐配合得天衣无缝。
3. 即使是同一首曲子，不同的人也能演绎出不同的节奏。

3.3.3

练习

一、看手语视频选择相应的词汇

（1）乐队
（2）通俗
（3）京剧
（4）舞台剧
（5）曲调

二、观看手语视频，用手语复述并翻译成汉语

三、用如下关键词造手语句

（1）通俗 高雅
（2）古典 现代

3.3.4 语法要点 手语的复杂度

学界对手语提出了三种测量复杂度的方式。一是发音难度；另一是词频复杂度；还有一种是按习得早晚来确定难度。第一种比较容易理解，就是我们能否做得出这个动作，以及有多费力。有些动作我们做不到，比如我们无法同时张开五指和并拢五指。另外，我们还要根据生理运动机制来衡量，发音的难易程度。比如，关于运动，当我们做食指指向前，或者翻过手用食指指自己腰背后等动作时，当然是向前指比较省力。关于位置，默认位置的手语是最省力的，比如“尊重”的原本打法，而把双手抬高到头顶打“尊重”也是可以的，相对较为费力。还有一个重要的是手形的复杂度。手处于最自然的状态是怎样的？要么全部收拢，要么全部打开。另外，有些手指收拢更省力，而有些手指打开更省力。比如 W（或 3）手形在许多手语里都不常用（比如美国、英国、德国等手语），而 Y（6）手形则在许多手语中常见（比如中国手语），这可能是由我们的手指构造决定的，中间三根手指最自然状态就是弯曲着，较为省力，而大拇指和小指似乎张开时更为省力。

另一种是通过频率测复杂度，频率越高的词（即词频）往往越简单。这个很容易理解，比如我们经常用的名称，如果较长的话，我们往往会叫它的简称。这个频率甚至还可以用于对单个音的复杂度测量。比如在日语口语中，/t/ 这个音出现频率最高，因此最简单，而 /u/ 这个音出现最少，因此最复杂。有人发现，在美国手语中 B 手形最常用，也最简单，而较为复杂的弯 H 手形最不常用。而我们发现，在中国手语中，很少见到能比“姜”这个手形更复杂的词了。学界还通过研究聋人儿童习得手语过程发现，手形的习得也遵循从简单到复杂的过程。第一阶段习得的手形通常是“1”手形、“B”手形以及 A（伸大拇指）手形；第二阶段学会以食指和拇指做被选手指的手形；第三阶段学会其他被选手指的手形；第四阶段学会关节的开闭组合。

3.3.5 文化小贴士　聋人能享受音乐吗？

人们通常认为音乐必须依靠听觉才能享受，而聋人听不见就无法享受美妙的音乐。但真的是这样吗？其实，除部分有一定听能的聋人可能通过听觉感受音乐外，其他聋人同样能够通过其他方式享受音乐。

“耳聋，心不聋”，聋人能用心去感受音乐。具体而言，如打击乐、摇滚乐等节奏鲜明、顿挫感强的音乐，再配合大音量，就会使人体感受到较为明显的震动，类似音浪冲击波，这种感受音乐的方式很适合聋人。那如果想要欣赏曲调温柔且音量小的音乐要怎么办呢？其实也很简单，通过手语传译，聋人同样可以享受音乐之美。

音乐不仅能以听觉模态传达，还能以视觉形式被看见。当然，将音符转为手语属于一种手语翻译形式，主要是将基于主流文化的音乐转化为便于聋人理解和欣赏的手语。此前，这种音一手翻译通常由听人主导，而现在则越来越多以聋听配合的形式出现，如聋人出镜、听人在台下提示等。

此外，聋人社区内部也有与音乐类似的艺术表达形式，如手语诗歌、视觉白话等。这些都属于聋人文化的原生艺术形式，具有区别于主流听人文化的特性，突出视觉和身体节奏，极具视觉冲击力和感染力。目前，有不少创作者选择在各类短视频平台以自媒体形式发布自己的作品，各位同学如果有兴趣可以关注欣赏，感受聋人艺术。

学习重点　疾病

4.1.1

今天 醒 以后 我 觉得 身体 舒服 不

今天一觉醒来，我觉得很不舒服。

哪里 舒服 不

哪里不舒服？

吃 坏 什么 不知道 肚子 疼

不知道吃坏了什么东西，肚子疼。

拉肚子 有

有拉肚子吗？

没有 我 身体 无力

没有，我全身无力。

消化 药 给你 吃 等 看 好不好

我给你一颗肠胃药吃，过一会看看。

还是 不行 医院 去 要

我觉得还是不行，我得去医院看病。

医院 快 去 看病 输液 可能

那我们赶紧去医院看病吧！可能要输液。

以后 通宵 喝酒 玩 娱乐 不

以后再也不随意熬夜喝酒瞎玩了。

4.1.2

词汇 & 句子

疼痛

1. 我因为长时间站立而感到腿部疼痛。
2. 这堂训练课让我的肌肉疼痛得厉害。
3. 即使身体已经疼痛不堪，他还是拒绝放弃。

生病

1. 生病使他的功课落后了。
2. 因为生病，我不能赴约。
3. 生病时，要多吃一些补品。

发烧

1. 小张一连三天都在发烧。
2. 小王因感冒发烧，脸热得滚烫。
3. 发烧常常是传染病的征兆。

体温计

1. 量体温时一般要把体温计夹在腋下。
2. 医生用体温计给我量体温。
3. 体温计能帮助监测发烧温度变化。

无力

1. 花儿像人一样无力地垂着头。
2. 公司似乎无力留住职员。
3. 冬季会让人感觉疲乏无力。

药物

1. 由于药物的作用，血液循环加快了。
2. 有些药物可能会抑制食欲。
3. 要减肥就要多运动，只靠药物是没有用的。

医院

1. 今天小张到医院去打预防针。
2. 姐姐在市立和平医院工作。
3. 市医院在公园附近。

拉肚子

1. 他拉了一天的肚子，很不舒服。
2. 不要乱吃东西，否则你会拉肚子。
3. 我消化不好，经常拉肚子。

看病

1. 不管刮风下雨，小李都坚持下乡给农民们看病。
2. 爸爸到医院先去挂号，再去看病。
3. 看病前需要先接受问诊与检查。

输液

1. 严重脱水的患者需要静脉输液。
2. 我得了重感冒，爸爸带我去医院输液。
3. 我静静地躺在输液室内，牙齿的疼痛逐渐得到了缓解。

4.1.3

练习

一、看手语视频选择相应的词汇

（1）咳嗽
（2）打针
（3）感冒
（5）病假
（6）治疗

二、观看手语视频，翻译成汉语

三、用手语按如下文字进行对话练习

（1）
小梦：昨天棒冰吃多了，我肚子疼。
随梦君：痛感厉害？
小梦：还好，就是不舒服。
（2）
小梦：我身体没力气了。
随梦君：你可能发烧了，我摸摸看。
小梦：我量过体温计，38 度，肯定是发烧了。

4.1.4 语法要点　手语打快了，会怎么样？

口语中，分别读单个字时，不会有前后音的影响。而在语速加快时，前后音会连在一起，产生相应的影响。从说话者（手语者）角度，在日常会话中，经常是怎么省力怎么来，而对于听话人（看手语者）则是越容易理解越好。因此，在语流中就会发生不少音变现象。比如汉语中，我们读两个三声字，第一个三声会变成二声，如汉语中“柳永”的发音；英语中的 a cup of tea，cup 最后的辅音会和 of 的第一个音连读到一起，而 of 的 /v/ 的音几乎听不见。另外，我们说话快时经常会产生口误，就是两个邻近的音会互换。有一次笔者就把“吃饭喝酒”说成“喝饭吃酒”。以下简要介绍一下手语语流中的同化、异化、融合、省略、添加以及换位等。

先说同化，即在语流中涉及多个手语词时，一个词中的语音特征：单双手、手形、位置或运动会扩展到相邻的手语上。最常见的是同化现象：辅手延伸、主手手形同化、位置同化、非手控扩展。有可能有两种同化的方向，一是前一个词的特征影响后一个词的特征，叫作“顺同化”，二是后一个词的特征影响前一个词的特征，叫作“逆同化”。比如两个邻近的词，语义上相近，甚至是复合词，如果其中一个是双手词，另一个是单手词，那个双手的辅手往往会延伸到下一个词中。比如上海手语的“降价”是一个复合词，即“降”+“元”，降是个双手词，而“元”是一个单手词，而打在一起时，“降”的辅手，B 手形会延伸到“元”上，这就是顺同化。逆同化的例子如“光盘”，我们在打“光”的时候，经常已经左手开始打“盘”的一半了，详见图例 4. 1–2：

降

价

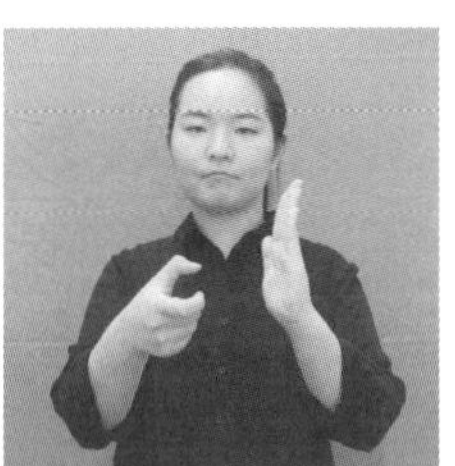
“降价”的顺同化现象

图例 4. 1–1　“降价”

光

盘

“光盘”的逆同化现象

图例 4. 1–2　光盘

除单双手同化，我们还有手形及位置同化的例子。比如“好吃”，分开打是“好”（伸大拇指在胸前）、“吃”（食中指伸出并拢在口边），但我们打“好吃”这个复合词组时，会打成“吃”+“好”，“吃”这个词在打的时候，食中指并拢在口边，同时拇指也伸出来，等打完“吃”，食中指收拢，顺势就打出了“好”，此时“好”的位置在口边，而并不是胸前。因此，“吃”这个词的手形被“好”这个它后面的手语词的手形同化了，而“好”这个词的位置受“吃”的影响，从默认位置到了口边，详见图例 4. 1–3：

好　　吃　　“好吃”的语流

图例 4. 1–3　好吃

关于融合，即两个本来独立的词，各取其部分语音特征，融合成一个词。这比上面所说的同化现象更近了一步。比如在中国手语中，本来有两个单独的词，“好”（伸拇指）和“坏”（伸小指），但是可能受到汉语结构的影响，聋人使用“好”+“坏”对应汉语的“好不好”结构。两个词开始丢失了路径运动，轮流伸或缩大拇指和小指，进一步融合就成了一个词，大小指交替运动，最后被一起同时运动替代。详见图例 4. 1–4：

好　　不好　　“好不好”的语流

图例 4. 1–4　好不好

另外，有些词在语流中也有融合的趋势，比如中国手语“同学”的一种打法，就是“读书”+“成长”。“读书”这个词失去了作为单独词的运动（即微微前后晃双手并反复运动），而“成长”这个词的运动路径大大减少，双手从下向上运动，变成从“读书”那个位置向上微微运动。当代美国手语的“家”也是由两个单独的词融合变化而来。在美国手语早期（一百多年前），家由两个独立的词“吃饭”+“床”组合而成，“吃饭”的打法是五指并拢在口边，“床”就是单手托着侧脸，做睡觉状。但随着时间的变化，因为这个词使用较为频繁，“床”这个词的语音发生同化，手形等同于“吃”的手形，只保留了位置。非手控的“侧头”也消失了，但代之的是“home”的口动，详见图例 4. 1–5：

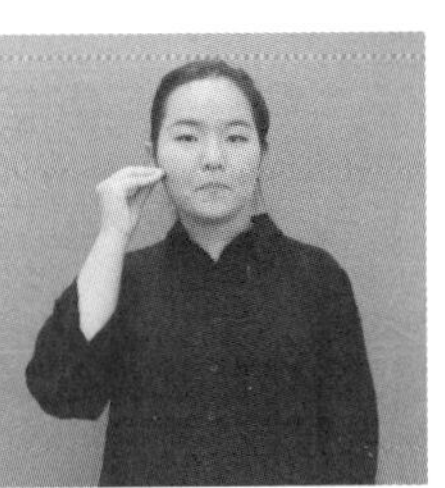

美国手语“吃饭”　　美国手语“床”　　美国手语“家”

图例 4.1–5　美国手语的“home”

手语词的增音现象，即在语流中添加相关的语音的现象。比如北京手语的“谁”，原来是仿自“人”，但随时间推移，手形也慢慢发生变化，打出来的“谁”字，是由主手食指转动，从而形成了一个更适应手语系统的手语词。所谓的互换现象，也分为好几种，一种是同一个手语词中的两个相邻音的互换，另一种是词内的互换。后面一种我们举个例子：比如打“聋人”这个词，词典的打法是先小指点一下耳朵，再点一下嘴。但是在语流中，可能前一个相邻的词是在身体下方打出的，因此要顺势先点嘴，再点耳朵表示“聋人”，这就是互换现象。

总之，手语打快了，就会发现手语词“连”在一起，从而使听话人在看手语时更流畅，说话人在打手语时也会更加流畅。

学习重点　医院

4.2.1

我 预约 好 了　然后 做 什么

我预约好了，接下来该干什么？

你 医保卡 带 有　门诊 部门 那 机器 自动 挂号 付款

你带了医保卡吗？你要去门诊部的自助终端机付费挂号。

付款 好了　去 哪儿

付好了，接下来要去哪儿？

内 科 三楼　我们 电梯

内科在三楼，我们乘电梯上楼吧。

人 多　医生 科室 多 内科 外科 儿科 骨科 心理科 各种各样

人真的好多！医院也有很多科室，内科、外科、儿科、骨科、心理科……

过来 签到

来这里，签到啦！

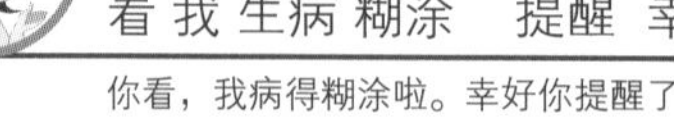
看 我 生病 糊涂　提醒 幸好

你看，我病得糊涂啦。幸好你提醒了我。

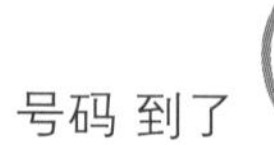

号码 到了

轮到你的了！

我 进去

我进去了。

（过了一会儿，小梦出来了。）

症状 医生 告诉　医生 问++　然后 处方 给

我告诉了医生我的症状，医生问诊后就给我开好了处方。

好像 严重 没有　自动 机器 先 付款　好了 药房 到 药 拿

看来不很严重。你先去自助终端机付费，然后去药房取药。

药 要求 什么 这 病历 写 有　看 仔细

服药要求都在病历里写着，看仔细。

陪伴 谢谢

谢谢你的陪伴！

4.2.2

词汇 & 句子

预约

1. 预约图书馆的座位需要提前很多天。
2. 我通过旅行社的网站预约了一个旅行套餐。
3. 医生已经回复并确认了我的预约请求。

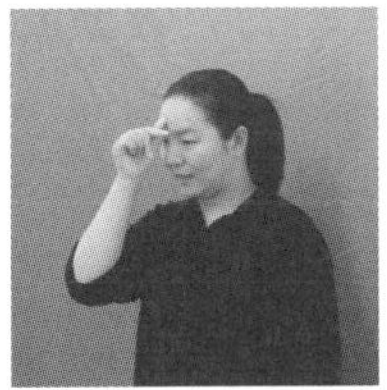

医保卡

1. 在使用医保卡时，应妥善保管，防止丢失。
2. 医保卡内的资金可以用于支付住院医疗费用。
3. 我经常用医保卡在药店买药，很方便。

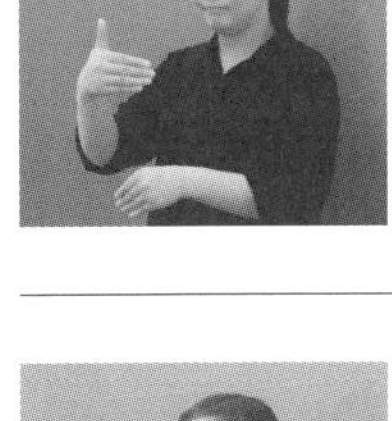

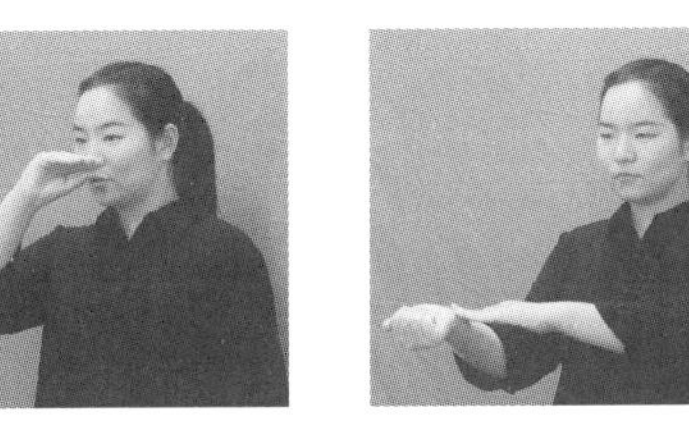

门诊

1. 不必动手术的病人可在门诊就医。
2. 县城的社区门诊由一名女护士做常规体检。
3. 患者是从住院部、门诊部和急诊部招募的。

挂号

1. 挂号处的护士会告诉病人家属药房的位置。
2. 初诊挂号一次只能挂一个科别。
3. 挂号处在医院一楼大厅的右侧。

内科

1. 激光技术增强了内科手术的精确性。
2. 小王是市医院的一名内科医生。
3. 小李病情严重，正在内科手术室做手术。

症状

1. 热敷与冷敷都可以缓解症状
2. 普通感冒的症状包括咳嗽、流涕、打喷嚏、鼻塞等。
3. 小明被乏力、疲劳和昏眩等症状时常困扰着。

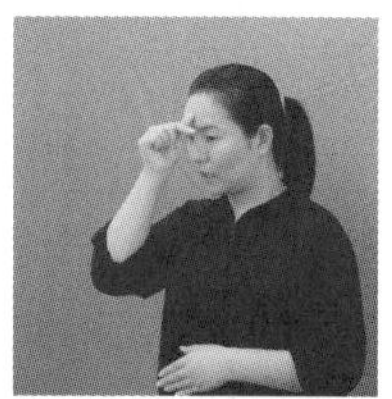

处方

1. 处方应当留存两年备查。
2. 药剂师按照处方为我配了药。
3. 药剂师把处方的各种成分配制成药品。

药房

1. 药房主要出售药品和护肤品。
2. 离开药房之前，一定要弄清楚如何吃药。
3. 药房或药店还出售化妆品，梳洗用品及其他许多商品。

配药

1. 医生开处方给病人配药。
2. 职工可以在定点医疗机构配药。
3. 小李受雇在当地一家诊所里配药。

病历

1. 即便很精确的病历也可能让医生产生错误的印象。
2. 医生把病人的诊断书夹到了病历里。
3. 研究人员收集了数以千计的病例来证明吸烟与癌症的关系。

4.2.3

练习

一、看手语视频选择相应的词汇

（1）消毒
（2）出诊
（3）医药费
（4）候诊
（5）儿科

二、观看手语视频，翻译成汉语

三、将以下句子翻译成手语

（1）我得去医院，因为我出现了呼吸困难的症状。
（2）感冒后，要多喝一些温热的白开水。
（3）医生给我开了个治咳嗽的处方。

4.2.4 语法要点　手语的偏旁部首：类标记手形及结构

所谓手语的偏旁部首，是一个类比的说法。因为大家熟悉汉字，它是一种表意兼表音的文字，即有形旁、声旁。我们可以通过掌握偏旁部首来认识汉字，比方说“人字旁”就是代表一类跟人相关的汉字，如“从，众，仆”等，而见到“三点水”，我们即使不认识右边的声旁，也大致能猜到是和水相关的词语。通过这种方法，我们能够比较有规律地掌握大批的汉字。那么，手语中是否有类似的结构呢？答案是肯定的。我们称之为类标记手形，即手形可以用于表征一类事物。

类标记手形本身具备表达一类词的作用，因此一部分功能相当于代词，指代一类名词。有点类似于英语中的 he，he 指代两个类别：一是人类；二是人类中的男性。中国手语没有这种类标记，日本手语中有，即将小指头直立，表示女性（大拇指表示男性）。这种代名词类标记手形在表达中能起什么作用呢？可以起指代作用。想象一个场景：李四在骂张三。我们可以这样打这个句子：李四 / 骂$_a$^CL–Y_a（a 下标表示位置，即中国手语的 Y 手形，主要指代人）/ 张三。这个句子分析起来很简单，即在骂后跟类标记，指代一个名词，即“张三”。还可以这样表达：张三 /CL–Y_a/ 李四 /CL–Y_b/ 骂$_{b-a}$（李四骂张三。）先打出“张三”，然后，将 Y 手形放在空间的位置 a，而后打出“李四”，把另一个手形（可能用另一只手表示）放在另一个空间 b，最后，将“骂”这个词是从位置 b 移向位置 a，动作的方向就可以明确表达到底是谁对谁做了什么。而无论是第一种还是第二种的 Y 类标记，其功能都相当于一个代词，指代在其前面或后面的名词。详见图例 4.2–1：

张　　三

李　　四　　骂

图例 4.2–1　李四在骂张三

Suppalla 对类标记手形的分类做了较经典的分析，包括：实体类、摹状类、工具类、身体类。我们要注意到类标记手形在不同手语中存在差异，比如：对于同样一个事物“路由器”，各国手语采用不同的同时性构词手段来表达。这些打法都是利用了手语使用双手以及身体做同时性表达的特性，所以这类词被称为同时性复合词。例如中国手语中使用双手架成路由器的外观，属于实体类标记；瑞典手语则是以身体（或头部）指代路由器主体部分，而另将两手食指竖起，各放在头上以模仿路由器天线，属于身体类标记；英国手语使用一只手模仿天线，另一只手模仿路由器发出的信号，属于摹状类标记；冰岛手语使用两只手分别模仿路由器的底座和天线。从构词策略的角度比较各国手语词汇的异同，相同之处是都利用了手语的同时性，而不同之处是表达同一事物或概念，使用的构词策略不一样。详见图例 4. 2–2：

中国手语

瑞典手语

英国手语

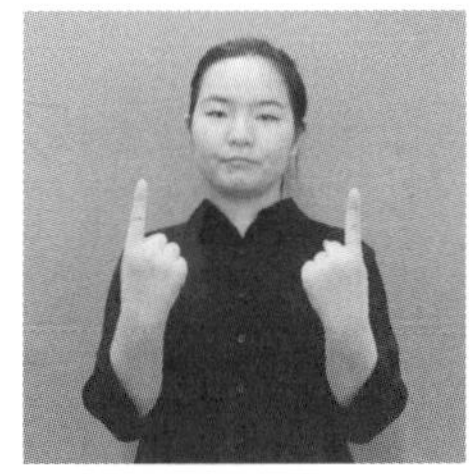

冰岛手语

图例 4. 2–2　四国手语的“路由器”打法

而即便是在同一种手语内部，不同的聋人也可能用不同的方式来表达。在上海聋人社区中，有的人并不使用上图中国通用手语所录的打法，而是采用以下两种打法：一种是“五指以肘为支点在空中画弧形”，模仿的是路由器发出的无线电波的样子（或者体现在包装上画出来的无线电波）；还有一种类似瑞典，但区别是用食中指分别置于头两侧，模仿四个天线的路由器。

类标记另一大功能就是组成类标记谓词，这是一种只有在手语中才有的特殊动词结构。第一个例子说明：张三喝醉了酒，开车撞倒了一个人。手语表达这个场景和口语有相当大的不同。手语表达为：张三 / 喝酒 / 晕 / 开车 /CL–Y:CL– 匡 撞人 / 倒。手语在表达“车撞人”这一场景时，两手分别用 Y 形表示人标记和半匡形表示车的类标记，通过两个手形的运动、朝向、位置以及相互的关系，可以非常形象而简洁地表达丰富的事件内容。比如，车和人的行进方向可能是相同的，车从后面撞倒人，或者是不同方向，人正穿马路，车从横向撞倒人。而手的运动速度快慢也可以表征到运动事件中。撞后人倒的方式，是打滚、是仰着面朝上还是俯着面朝下，都可以通过 Y 手形的动作表达出来。而因为左右两只手分别代表一个主体，在口语中需要线性结构表达的场景在手语中则可以用一个同时的运动动作表达。这也正体现了手语的特点：一个复杂的手语结构，在手语中可双手同时性地便捷地表达出来，但对应在口语中则需要一系列线性的词语共同表达。例如：“张三喝醉了酒，开车飞快地将同一方向在路上走的行人撞倒，行人是趴着的。”详见图例 4. 2–3：

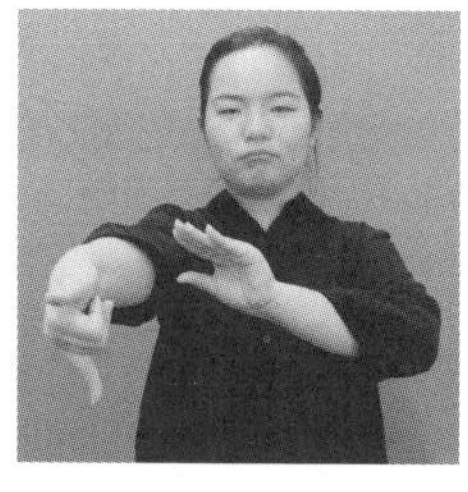

张三开车将同一方向在路上走的行人撞倒，行人是趴着的。

张三开车迎面撞上行人，行人仰面朝天倒下。

图例 4. 2–3　“车”和“人”的类标记

而由于长期的手语类标记参与表达，有些类标记固化已在词中成为其中一部分。比如 Y 或 A 手形长期参与到各种和人相关的事件表达之中，成为惯例表达。如“相遇”“跟随”“尊重”“支持”等。详见图例 4. 2–4：

相遇

跟随

尊重

支持

图例 4. 2–4　Y 作为类标记的表达

这些类标记手形虽固化在词中，但有些仍保持一定的能产性，即没有完全失去其原有的象似性。比如“跟随”可以改变路径，用于表示各种追逐活动，比如表达像《猫和老鼠》动画片里的猫四处追击老鼠的事件。而这种现象在口语中也会存在，即汉语中的“析词”手法，如将“考试”析成“考来试试”，将“舍得”析成“有舍才能有得”等。这些都是丰富语言表达的方式。我们曾对手语语料库前 100 个高频词进行分析，发现有以下几类固化类标记：

表人的 Y 类标记复合词，包括“到，生，进，在，去，以后，后来”；

表人的 A 类标记复合词，包括“生，朋友，学生”；

表人的 V 手形复合词，“成立”；

象征“屋顶”类标记，以及表房子这类建筑或单位组织（实或虚），两 B 手形相搭的类标记，包括：“读书”“读”“学校”“家”。

学习重点 描述病情

4.3.1

嗨 消息 好 告诉 我 康复 好
告诉你一个好消息，我康复啦。

好 消息一样 有 告诉 我 看病 要
我也告诉你一个“好消息”，我要看病了。

什么 你 舒服 不 哪里
啥？你哪里不舒服了？

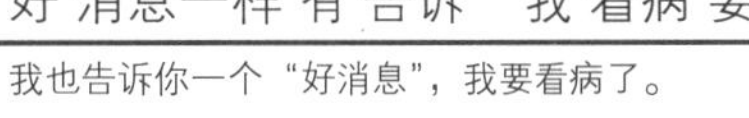

这 心脏 好像 是 最近 我 头 晕 胸 闷 心 慌
好像是心脏这里。最近总觉得头晕，胸闷，心慌。

害怕 不 我 陪伴
别慌，我陪你去。

（两人来到医院，随梦君预先在手机上打字描述病情给医生看。）

这 心脏 最近 我 头晕 胸闷 心慌
心脏这里。最近总觉得头晕，胸闷，心慌。

（医生经小梦解释后才弄明白了，拿出听诊器听随梦君的心脏，然后说了几句话。）

心电图 检查 要 医生 说 你 二楼 先 到 付款 好了 三楼 到 心电图 检查
医生说要查心电图。先到二楼挂号窗口付款，然后到三楼检查心电图。

报告 等 快 拿 可以
马上就可以取报告了。

（两人拿着报告回到办公室）

医生 说 根据 这 指数 他 诊断 是 心率 规律 不 正常 药 可以 不要 休息 好
医生说根据这些指数，诊断是心律失常，吃点药就好了。最近好好休息，

紧张 避免 放松 要
避免精神紧张 要放松。

生病 大 不是 幸好 手术 不用 医生 谢谢 小梦 翻译 谢谢 辛苦
幸好不是大病，不用动手术。谢谢医生，谢谢小梦辛苦翻译。

4.3.2

词汇 & 句子

康复

1. 在母亲的细心照顾下，小花的身体逐渐康复。
2. 只要你坚持锻炼，身体就会慢慢康复的。
3. 这么短的时间，哥哥受伤的腿竟然完全康复了，真是奇迹！

心脏

1. 对心脏健康的研究已经成为医学领域的热点之一。
2. 心脏的跳动是生命存在的标志之一。
3. 不良的生活习惯和饮食习惯会导致心脏疾病的发生。

胸闷

1. 胸闷的感觉让我觉得非常不舒适，需要找到缓解的方法。
2. 我试着做一些深呼吸，希望能够缓解胸闷的感觉。
3. 在人多的地方待久了，我感到胸闷得喘不过气来。

心电图

1. 医生正在仔细查看病人的心电图。
2. 心电图可以帮助医生判断心脏疾病的严重程度。
3. 心电图正常并不一定代表心脏没有疾病。

报告

1. 今天下午，我去医院取体检报告。
2. 这篇调查报告真实地反映了农村目前存在的问题。
3. 医生读了我的心电图报告，很快做出了诊断。

诊断

1. 医生应该明确病因以便采用合适的诊断方法和治疗。
2. 小红的病被诊断为过敏反应，并给予药物注射。
3. 病症的及早诊断可避免死亡与病痛。

油腻

1. 这道菜太油腻了，我吃不下去。
2. 他说话很油腻，让人感觉很不舒服。
3. 这个油腻的厨房需要彻底清洁一次。

休息

1. 我刚休息了一会，现在感觉好多了。
2. 在爬山登顶之前，他特意找了一个可休息的平台养精蓄锐。
3. 即使是简单地坐下来闭目休息也能有效地缓解身心的疲劳。

适量

1. 对于大多数人来说，适量的运动是保持健康的关键之一。
2. 在日常饮食中，适量地摄入蛋白质有助于身体的正常运转。
3. 适量的社交活动有助于减少孤独感并增加幸福感。

手术

1. 医生给病人做手术要特别仔细，一点儿也疏忽不得。
2. 小明患的是急性阑尾炎，必须施行手术。
3. 母亲的手术伤口经过一周的疗养，已经愈合了。

4.3.3

练习

一、看手语视频选择相应的词汇

（1）骨折
（2）住院
（3）肺炎
（4）癌症
（5）抽血

二、观看手语视频，按视频中的顺序填入相应的序号

感冒		看病	
挂号		内科	
诊断		排队	
医院		药房	

三、观看手语视频，根据语气选择正确的答案

（1）手术后我感觉迷迷糊糊，昏昏欲睡。
a 轻微　　b 严重　　c 不知道
（2）你病得很重，要赶快去医院，不能再拖延了。
a 严重　　b 一般　　c 轻微
（3）医生夜里三次被唤醒去看急诊病人。
a 严重　　b 一般　　c 轻微

4.3.4 语法要点　手语是否有后缀：手语形态简说

所谓形态，就是研究语言的词汇构成，其最小单位是有意义的词素。根据对手语形态的相关研究，手语也像口语一样，拥有屈折形态和派生形态。手语的屈折形态多表现为非线性结构，比较像一些英语词使用语音交替的方式实现内部屈折，如 foot 变复数为 feet，而不是在词后附加词缀。手语中屈折形态的一个实例是动词和宾语存在一致性，这种一致性是通过手运动的方向来体现的。如“我借钱给你”和“你借钱给我”，在汉语中是通过转换主宾语的代词来确定施事和受事，而在手语中只需体现在手语动词“借”上，“借”向外打，即说话人将钱借给对方，而从外向内，即表示有人把钱借给说话人。许多手语动词都可以使用这一方式体现出施事与受事的关系。

相对而言，手语中的词缀较为贫乏，这里又有点像汉语，较为常见的是否定词缀，大致相当于英语的 -less 词缀。在以色列手语中，有手掌摊开表示“无”之意，比如 ENTHUSIAM-LESS，即用“摊手”作为词缀附于词根“enthusiasm”之后。而在中国手语中，如“来不及”这个词，也是使用词根加词缀的形式，打出手语词“时间 + 不行”，而“不行”是用小指作为词缀（详见图例 4. 3-1）。在分析词缀时我们发现，有些词形既可以当词缀，也可以当独立词，而使用小指表否定这种形式便是兼具了两种特征。

时间

不行

图例 4. 3-1　来不及

在手语中，手语词经过演变或语言接触，会变成复合词，如从汉语词汇中通过仿译的方式借过来。比如“爱国”，即单独的“爱”手形 + 单独的“国”手形，两个词组成的意思可以由其中每个单词猜出来。那么，有没有一些复合词其意义不是两个单词的组合，词义是不容易猜出来的呢？大家可以去试查一下手语词典。

4.3.5 文化小贴士　聋人的就医困难

由于聋人与听人沟通方式有所不同，而医院往往又缺乏手语翻译服务，因此对习惯使用手语的聋人而言，去医院看病是一件让人头疼的事。那么聋人到底是怎么看病的呢？大家可能会说他们可以由家人陪同。这种情况肯定是存在的，可是如果家人没时间陪同就医，那聋人会以什么样的方式去看病呢？以下四种情况较为常见：第一，家人会提前在纸上写好聋人的症状和药物过敏情况，让聋人到了医院直接把纸条给医生看，然后让医生检查或者配药，以此实现“无沟通”就医。第二，有听人子女的聋人在就医过程中，由听人子女扮演“译员”角色。这些听人子女也被称为 CODA。尽管 CODA 们手语能力不一，但他们相对而言是在语言文化方面更了解聋人父母的听人，因此，CODA 们在儿时常常被“赶鸭子上架”，肩负起陪同就医的家庭责任。第三，部分聋人会选择用笔谈的方式和医生沟通，但由于其自身文字读写能力有限、缺乏足够的相关医疗知识，以及就诊场景下医生难以实现与患者长时间笔谈、部分医生面对聋人的沟通意愿不强等因素，聋人与医生往往无法进行深入细致的交流，对于了解病情和治疗手段等通常十分被动。第四，面对如此困难的就医条件，不少聋人选择小病自治，如此他们就无需担心医生与其沟通不良的情况了。

我们举一则真实案例，大家一起来思考一下。有一位聋人，他肚子疼痛难忍，于是寻医求治。在与医生沟通过程中，他一直指着肚子，表情十分痛苦。医生模仿他的动作，反复指肚子确认是肚子疼，随后便开始记录病名，并用口语向他确认。由于他肚子实在疼得厉害，又迫切想要治好，就对医生点了点头。于是医生给他开了药，结果他吃了一段时间迟迟不见效，再去医院就诊才发现自己原来是得了胃癌，而且是晚期。最终他由于错过了最佳治疗时期而离开了人世。

由此，大家能否感受到些许聋人就医的困难呢？解决医生与聋人病患沟通的问题非常重要，这需要引起社会的关注与重视。我们希望这类问题能够早日解决。

学习重点 议论城市生活、了解名词词性

5.1.1

来 这 大城市　老 家 大 城市　我 感受　2 不一样

来了这座大城市，感觉和在我的老家不一样。

怎么 说

怎么说？

大 城市 人 多++　但是 人 关系 亲切 好像 多 不　邻居 名字 什么

大城市人好多，但人与人之间的关系不那么密切，我住了几个月都不知道

居住 几个月 至今 不知道　地铁 高峰 挤 挤　生活 节奏 快 快

邻居叫什么名字。高峰期间的地铁真拥挤，生活节奏很快。

老 家 指　我 睡觉 自然 醒 可以　大家 热情　人 关系 简单

在老家，我可以睡到自然醒，大家都很好客，人际关系简单。

大 城市 优势 什么 资源 机会 多　比如 教育 好 医疗 好 娱乐 好

大城市的优势是更多的资源和机会，比如优质的教育、医疗、娱乐等等。

工作 机会 多 有　你 能力 有 好 发挥 可以　收入 多++

也有更多就业机会，你能更好发挥你的能力，赚更多的收入。

但是 生活 消费 多　有 人　房子 租　钱 不行 买　钱 不行　只好　辞职 回 老 家

但是生活开销又大，有人租不起也买不起房子，只能辞职回老家了。

还有 城市 污染 严重　逗留 长 身体 伤害 有

城市污染也严重，待久了对身体不好。

城市 规划　办法 解决 会　前途 看　大 城市 发展 继续 会

城市规划会想办法解决这些问题，长远来说，大城市会继续发展。

你 累　回 老 家 可以　我 老 家 这里

你累了可以回老家休息，我的老家只有这里。

回 老 家 生活　悠闲

我还是回老家悠闲度日吧。

你　来 这里 做　什么

但是你为什么来这里呀？

目的 跟踪 手语 学

还不是为了跟你学手语啊！

5.1.2

词汇 & 句子

城市

1. 一条高速公路把两座城市连接起来。
2. 三年前，我从乡下迁居到城市。
3. 这座新兴的城市，到处呈现出一派欣欣向荣的景象。

高峰

1. 在旅游高峰期，旅游景点的游客数量通常会达到最大值。
2. 高峰期的车流非常缓慢，需要耐心等待。
3. 高峰期的机场安检通常需要更长时间。

拥挤

1. 这条街道非常拥挤，我们需要小心驾驶。
2. 火车上的人非常拥挤，我们几乎没有站的地方。
3. 那里的人口密度很高，街道拥挤不堪。

好客

1. 中国人民以好客著称于世。
2. 他非常好客，总是邀请很多朋友到家里来聚会。
3. 作为东道主，我们应该表现出热情好客的态度。

关系

1. 新社会与旧社会之间有千丝万缕的关系。
2. 小王和小李虽然闹矛盾，但还没有到关系破裂的程度。
3. 我们应协调好学习与工作的关系。

资源

1. 我们需要合理规划资源分配，确保公平与可持续。
2. 这个公司大量消耗资源，对环境造成了很大的破坏。
3. 自然资源对我们的经济发展具有重要意义。

污染

1. 全球环境污染日趋严重，保护环境刻不容缓。
2. 造纸厂将排出的废渣四处抛掷，严重污染了周围的环境。
3. 空气污染危害人们的身体健康。

规划

1. 在开始工作之前，我们需要制定一份详细的项目规划。
2. 这个城市需要一个好的交通规划来缓解交通压力。
3. 我们需要规划一下这个假期的旅行方案，充分利用假期时间。

发展

1. 发展旅游业对当地经济有利。
2. 科技创新是推动社会发展的关键。
3. 教育对于个人和社会的发展都至关重要。

悠闲

1. 我们在悠闲度假。
2. 退休后，她整天都很悠闲，经常出去旅游。
3. 我不喜欢过得太忙碌，喜欢悠闲的生活。

5.1.3

练习

一、看手语视频选择相应的词汇

（1）悠闲
（2）生活成本
（3）消耗
（4）可持续
（5）乡村

二、观看手语视频，指出词性为名词的“采访”“帮助”

三、用如下词汇造手语句

（1）机会
（2）高峰
（3）发展

5.1.4 语法要点　手语的词类一：名词

名词可以分成两类，一类是一般名词，如“狗”“西瓜”，一类是专有名词，即人名或地名，如“岳父”“上海”。专有名词主要具有唯一性，因此一般不被复数修饰，可以不加定冠词。因为汉语中没有定冠词，而在英语中有定冠词，定冠词就是具称和唯一性表达。而一般的名词，都是非具指的，比如：“狗喜欢吃肉骨头”，是表示狗这种动物都有此属性，而非特指某只狗。一般名词按它是否有连界，可以分为可数名词、不可数名词。所谓的可数和不可数，用一个简单的方法判断，即是否切分后还保持原有的属性。比如你把一只整活鸡，大卸八块，每一块是否可以称为“鸡”，如果不行，“鸡”就是可数的，而你把“水”分成无数块，水依旧是水，水就是不可数的。可数名词是有边界的，而不可数名词是没边界的。同样是鸡，如果我们眼里不看边界，只看其肉，即鸡肉，则又是不可数的，因为你大卸八块后，每一块还是可称为“鸡肉”。可数名词可以用数词修饰，不可数名词则不能。在英语里（当然在有其他很多语言也是如此，只是英语通常是中国人的第一外语，拿英语举例会易于理解），名词如果是可数的，可以在其后加 -s 或 -es。除了表示人的名词或代词，汉语的名词是不在后面加词缀的。我们说“人们”“我们”，但不说“猪们”“马们”“花们”“书们”，如果一定要说，大多是用于拟人的修辞句中。而手语对可数和不可数名词也是区别对待的。比如“水”，不能用数字词去修饰，也不会用抖五指表“多少”去修饰，而只能用“很”（拇指靠在食指背）。就像英语中，分别用 many（多）来修饰可数名词，much（多）修饰不可数名词。

名词中有一类是难以和动词区分的形式，我们通常称为名动同形。在汉语中也非常常见，特别是单字词，因为汉语也是形态不丰富的语言（即没有词形的变换或用词缀来标记词性）。手语中，有以下几类名动同形的词汇：1）运动类词，我们用动作来表示某项运动的词，基本都是名动同形。比如“高尔夫球”，在很多手语里就是双手齐右肩挥杆的动作，“篮球”的打法也是投篮动作。2）乐器类词，“钢琴”和“弹钢琴”、“小提琴”和“拉小提琴”动作相同；3）交通类词，“飞机”和“乘飞机”、“船”和“坐船”、“车”和“坐车”动作相同；4）使用工具类词，“拖把”和“（用拖把）拖地”、“窗”和“开窗”、“拧缧丝刀”和“缧丝刀”、“电话”和“打电话”动作相同；5）日常行为类词，“衣服”和“穿衣服”、“眼镜”和“戴眼镜”、“开锁”和“钥匙”、“打伞”和“伞”动作相同。这几乎是所有手语的共性，比如美国手语也有大量的名动同形，他们试图证明，尽管在手形以及动作上完全一样，但名词经常伴随着小幅度、重复运动，而动词则经常是一次性、有方向的动作。比如“坐”和“座”，前者是一次性动作，动作幅度大，而后者则是重复的小幅度运动。我们不知道这种区分的方法是否也可以应用在中国手语中，但可以发现，名动同形的词类在两种手语之间差异不大。当然，一旦进入到手语句子中，大多数情况下从上下文中我们不难确定具体句子中手语词是名词还是动词。当然，手语也有一个趋势，就像汉语，通过增加音节或词素可以区分同形词。就像汉语“白”这个词可以有多个词义，“他白了他一眼”（动词），“不管白猫黑猫，抓得到老鼠，就是好猫”（形容词），“我不喜欢白”（名词）。有趣的是，在上海手语中，“白”和“牙齿”是同形词，我们也得通过上下文才了解其具体词性。

5.1.5 文化小贴士　聋人囧事："她能看口型，你给她讲话就好啦！"

我们在强调使用聋人这一人群称呼时，通常会提及淘汰"聋哑人"这个称呼的必要性，其原因之一便是，聋哑人这一命名即便从生理视角出发也并不恰当（这里尚且不论聋哑人一称背后潜藏的深刻的人群偏见）。聋人们虽然听力和听觉有不同程度的损伤，但很少同时伴有发音器官的问题，其口语能力个体差异大，主要是因为个体能接收的有效语音刺激差异悬殊，进而影响口语能力发展。然而，在了解"十聋九不哑"原理的同时，不少听人却认为，既然聋人具备一定口语能力，便可选择同聋人用有声语言交流。有的或许会提高音量、逐字逐词放慢语速、配合夸张的口型，以方便聋人看懂口型。但聋人真能看懂吗？随梦君身边有一位父母均为听人的聋人朋友，父母在家中长期与其使用口语沟通，积年累月，她对双亲口型的读唇功力也是日渐深厚。然而，某一天她却发出了这么一条朋友圈，我们一起来看看吧——

刚一到家！老妈跟我说：明天要去旅游！

我问：去哪儿？

母亲答：西塘。

因口型关系：西塘和青岛差不多。我就看成了青岛。

我问：这么远，你还去？

母亲说：是啊，好不好玩？

我答：还行吧，就风景不错！

我手写同步"青岛"问是不是？

母亲再次强调"西塘"。

我再次问是不是"青菜"的"青"！

最后母亲无奈用笔清清楚楚地写下来"浙江西塘"。

我无言以对。

怎么样？其实，这类对话在日常聋听交际的过程中经常出现。每个聋人在手语、口语听说、文字读写等语言能力方面个体差异非常大，如果听人总图自己单方面方便，仅使用或过度使用口语及（或）其视觉化表达形式（如手指拼音、口型等），会很容易形成一种无形的语言压迫，对聋人而言并不友好，这一点希望大家在同聋人交往的过程中千万要注意喔。

学习重点 社会福利、了解动词词性

5.2.1

社区 事务 服务 中心 到 办理 要
我要去社区事务受理服务中心办些事。

你 办理 什么
你要办什么事呀?

听说 残疾人 补助 给 有　我 申请 要　政府 福利 给 是
我听说有给残疾人的补助，我要申请一下，这可是政府给我们的福利哦。

我 知道　有 2　1 残疾人 生活 困难 补贴　另外 1
我知道了，有两个，一个是困难残疾人生活补贴，另一个是

残疾 人 程度 重　护理 补贴
重度残疾人护理补贴。

这 2 区别 什么
这两个补贴有什么区别?

残疾人 生活 困难 补贴 目标 第一 工作 没有　第二 家庭 低保　第三
困难残疾人生活补贴主要针对无业人员、低保家庭和

家庭 收入 低　残疾 人 程度 重 护理 补贴 目标 残疾 人 级别 1 到 4
低收入家庭，重度残疾人护理补贴主要针对残疾人级别一到四的人。

好像 不是　我们 先 上网 上海 人民 政府 查询
好像不是这样。我们先登录上海市人民政府网站查询。

好 看
好哇，一起看吧!

真 不一样　残疾 人 生活 困难 补贴 条件 残疾 人 程度 重 工作 没有 家庭 低保
果然不同，困难残疾人生活补助对象是重残无业人员、低保家庭

里面 残疾 人　家庭 收入 低 里面 残疾人 残疾 人 程度 重 护理 补助 条件 残疾 人
中的残疾人和低收入家庭中的残疾人。重度残疾人护理补助对象残疾

级别　1　2 智力 级别 3 精神 残疾 级别 3
等级被评定为一级的残疾人及残疾等级被评定为二级的残疾人和三级智力、三级精神残疾人。

残疾 人 程度 重 护理 补贴 条件 符合　材料 什么 我 准备+
重度残疾人护理补贴这条件我符合了。需要准备什么材料?

我 看 身份证 户口簿 残疾人证 银行卡 各种各样 带 到
我看一下，你要携带身份证、户口簿、残疾人证、银行卡等向

社区 事情 服务 中心　申请
社区事务受理服务中心提出申请。

好　查询 帮助 谢谢 我们 记住　有 什么 问题 上网 官方 查询 一定 要
好的，谢谢查询啦！我们要记住有什么问题一定要上官方网查询！

5.2.2

词汇 & 句子

社区

1. 爸爸的乒乓球技术非常高超，在社区比赛中接连战胜对手。
2. 市医院各科室门类齐全，可以保证基本社区医疗。
3. 在农村，学校常常是当地社区的活动中心。

服务

1. 列车员的服务态度受到旅客的称赞。
2. 王县长全心全意为人民服务，受到群众的爱戴。
3. 我国要努力发展尖端科学技术，为国防建设服务。

中心

1. 这篇文章的中心很明确。
2. 老师让我概括一下课文的中心思想。
3. 你与其无所事事，还不如到再就业中心找份工作先干着。

办理

1. 请你到服务台去办理换房手续。
2. 你需要支付 400 元才可办理错峰停车。
3. 妈妈带我到学校办理入学手续。

补助

1. 对贫困地区，国家采取补助形式进行扶贫。
2. 政府不但给老人发了补助金，而且还送来了生活必需品。
3. 我们会从当地市政府得到一笔装修房屋的补助费。

申请

1. 小明向党组织递交了入党申请书。
2. 为了买房子，爸爸到银行申请了一笔贷款。
3. 在老师的帮助下，小王申请了助学贷款。

福利

1. 这家公司的福利很丰厚。
2. 员工们要求改善福利的愿望得到了实现，真是皆大欢喜。
3. 个人福利与社会福利密切相关。

材料

1. 水泥、木材等建筑材料不宜露天存放。
2. 工地上堆放着各种建筑材料。
3. 小红对材料的取舍掌握得不好，写出来的文章中心总不突出。

身份证

1. 投宿旅馆时，工作人员要求我们出示本人身份证。
2. 小李把身份证丢了，他正在千方百计地寻找。
3. 今天我陪小王去派出所补办身份证。

户口簿

1. 办理业务时，客户需要提供户主身份证或户口簿。
2. 公司雇佣员工时，不能扣留员工的证明资料，比如户口簿和工作许可证。
3. 不要轻易丢失户口簿，这可是重要的证件。

5.2.3

练习

一、看手语视频选择相应的词汇

（1）复印件
（2）评估
（3）工作人员
（4）符合
（5）街道

二、观看手语视频，指出词性为名词的“证明”“根据”

三、用如下词汇造手语句

（1）申请
（2）审核
（3）办理

5.2.4 语法要点 手语的词类二：动词

动词的分类有多种，可以按照语义功能或动词形式这两种基本分法分类。按照语义功能，我们可以将动词分为静态动词和动态动词，顾名思义，静态动词就是表示一种状态。比如“拥有”“存在”等。而动态动词有三种：一种是持续性动词，一种是瞬间动词，还有一种是心理动词。持续性动词举例，如“跑”“学习”“生活”，这些词的特点是没有边界。而瞬间动词则有个边界点，比如“到达”“懂了”“出生”。这两种动词形成一个对比，描述不同的运动事件。我们可以说“我们一直在跑”，但不能说“我们一直在到达”。同样“一直学习”可以说，“一直懂了”不能说，“一直生活”可以，“一直出生”不能说。持续性动词就像不可数名词的性质一样，你可以无限切分“跑”的片段，都算作“跑”，但是你不能切分“到达”，“到达”就是一个有边界的事件。我们发现手语中，大凡是前者，手语词本身的运动就是没有边界的，而后者则经常会有一个明确表达出来的终点或停顿。比如“跑”这个词，在中国手语中是甩开双臂做跑步状，这个动作可以反复（即反复甩双臂）；相较之下，“到达”这个词，在中国手语是 Y 手形，有一个向前的移动，到某个点会停住。因此，持续性动词的运动方式经常是弧线运动、反复，如“跑”“生活”“想”，而瞬间动词以直线运动居多，如“到达”“出生”“懂”。心理动词，如“喜欢”“害怕”“开心”等词语，与静态及动态动词不一样，更多是对心理活动或状态的描写。因此，这些词有一个特点，即有时难以区分是动词还是形容词。心理动词可以分两种，一种是脑力及智力方面的，这些词的位置大多是在头部附近，如“想”“想念”“聪明”“笨”“狭隘”；另一种是和心情情绪相关的，如“快乐”“悲伤”“担心”等。这些词的位置经常是在胸口附近。

以上是按语义功能来区分的，另一种是按形式区分动词，分为三类：一是一致性动词；二是空间动词；三是普通动词。这个分类最早由 Padden 提出。因为她发现不同的手语动词对空间的使用是不一样的。一致性动词的运动会受人称和数的影响，或者说运动的意义就是主谓或谓宾一致，会通过其运动方向来标记主语（施事）和宾语（受事）的关系。例如打“介绍”这个中国手语词时，把 A 介绍给 B，“介绍”这个手形会从 A 的位置运动到 B 的位置，而把 B 介绍给 A，则相反。这类词还有“给”“借”等。空间动词则利用了空间，但是不标记主宾语之间关系，仅仅利用空间标记位置、方向之类的概念。比如：北京 / 他 / 坐飞机；他 / 每年 / 旅游。“坐飞机”“旅游”都是空间动词，但这两个动词本身不包含主语或宾语的一致信息。最后一种是普通动词，即动词本身没有包含任何关于主语或宾语或其他的信息。这些动词在形式上大多是既无方向，也不利用任何空间信息，如“喜欢”“学习”等。目前所见的手语动词，大多都可以有以上三种分类。当然，除这三种大的分类，还有其他特殊的分类，如“遇见”“亲吻”“结婚”等词的主宾双方具有相互性，可称为相互动词，这种词一般都是双手词，表示两个事物互动组成一个事件。

学习重点　公共场所、发起请求或命令

5.3.1

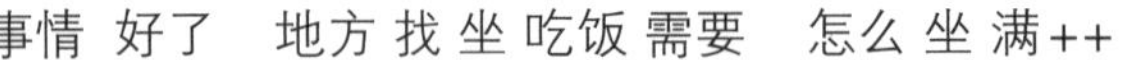
事情 好了　地方 找 坐 吃饭 需要　怎么 坐 满++

总算办完事了。我们需要找个地方坐下来吃饭。都坐满了啊。

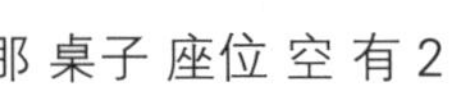
那 桌子 座位 空 有 2

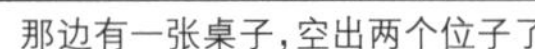
那边有一张桌子，空出两个位子了。

坐 人 有　算了 将就　嗨 这 坐 可以

有人坐在那边……算了，将就一下吧。你好，我们可以坐在这里吗？

可以 他 说

他说可以。

谢谢　坐 我 吃 搅拌 面条 你

谢谢！我们坐下来吧，我点碗拌面，你呢？

我 面条 汤

我要汤面。

订 好　这 人 什么　抖腿++ 一直 烦

下单好了。这个人怎么回事，一直在抖动双腿，烦死了。

怎么办

怎么办？

我 沟通　嗨　对不起 打扰　抖腿 不要 可以

我去沟通吧。你好，不好意思打扰了，请问可以不要抖动双腿吗？

无视 好像 是

他好像无视你。

好　你 抖腿 不要

好吧。你别再抖动双腿了！

有用　你 样子 凶恶　看 害怕 走

起了作用。他离开了，被你的凶样吓到了。

公共场所 礼貌 差　看 制止 要　我们 吃 快

是的，公共场所的不礼貌行为是要制止的。我们快吃面吧。

5.3.2

词汇 & 句子

解决

1. 政府采取了一系列措施来解决失业问题。
2. 解决贫困问题是实现可持续发展的重要途径。
3. 只有通过谈判，才能解决两国间的争端。

需要

1. 我需要买一些衣服。
2. 我需要在离开饭馆之前，去一趟卫生间。
3. 小王需要验血，做饮食分析，还有全身检查。

克服 / 将就

1. 战胜（克服）自我是我们成长的重要一步。
2. 他的毅力和决心帮助他战胜（克服）了癌症。
3. 我们需要解决（克服）全球变暖这个严重问题。

沟通

1. 老师应该经常和家长沟通学生的情况。
2. 陈老师经常和我们沟通，帮助我们解决学习中的困难。
3. 沟通可以让我们获得珍贵的友谊和亲情。

打扰

1. 如果你正在忙，我可以等一会儿再打扰你。
2. 我在工作时不喜欢受到他人的打扰。
3. 邻居家的狗晚上一直叫，打扰到我睡觉了。

无视

1. 他无视了老师的警告，继续玩手机。
2. 面对他人的嘲笑，他选择无视。
3. 他的无视不仅伤害了我，也伤害了我们之间的友谊。

要求

1. 同学们一再要求多开展些对健康有益的课外活动。
2. 老板答应了小红关于提高薪水的要求。
3. 爸爸答应了我的要求，暑假带我去北京旅游。

凶

1. 你的态度太凶了，这样会失去朋友的。
2. 他的表情很凶，一定是遇到了什么糟糕的事情。
3. 这个人的脾气凶得很。

公共场所

1. 公共场所是提供公众进行各种活动的公用建筑物的总称。
2. 请不要在公共场所大声喧哗。
3. 禁止在公共场所吸烟。

礼貌

1. 听报告时交头接耳，是很不礼貌的行为。
2. 小刚是个讲文明懂礼貌的好孩子。
3. 这里的售货员待客十分礼貌热情。

5.3.3

练习

一、看手语视频选择相应的词汇

（1）安静
（2）禁止
（3）管理
（4）文明
（5）秩序

二、观看手语视频，翻译成汉语

三、分别在发起“请求”“要求”的情况下造手语句

5.3.4 语法 手语词汇的由来与演变

手语词汇来源于什么呢？大致认为其一部分来源于听人的手势。因为聋人生活在听人包围的主流社会环境里。就像我们在第一课提到的一样，听人在交流的时候为辅助交际需要，会打手势，而聋人耳濡目染后就会借用，慢慢一些常见的听人手势进入了手语语言体系。常见的有：手指指向、摊手（表示无可奈何）、伸大拇指（点赞、好）等。

有些手势直接转化成了手语中的虚词（指没有具体的含义，主要起语法功能作用，比如标记疑问、否定等），如点头、摇头、扬眉（扬起眉毛）。有些手势先是转化成手语实词再转化成虚词，如在美国手语中有一个词表示“可以 / 能够”，是双手握拳向下同时一压的动作。而这个表情态的词是由实词“强壮”慢慢演化过来的。而美国手语表达将来时的词，之前是表达实义动词“去”的。总体而言，手语里语言的演化是从实词到虚词的一个过程。就像汉语也一样，我们表达时间的词汇，如“马上”“回头”也是从表达动作的词汇演化而来的，现在我们用“回头”时，主要是当成一个时间词来用，即表示“不久之后”。现在连小孩子都懂得“回头”的时间含义，如有一个三岁孩子央求她爸爸买一个玩具，爸爸说：“回头给你买。”小朋友撒娇说道：“爸爸，你总是‘回头’‘回头’，后来总是不记得。我不要回头，就要现在！”中国手语有一个常见的词表“完成”或“结束”，动作是两手从并拢一起往下方甩开。但是，随着使用频率越来越高，渐渐演变成了一个相当于汉语中“了”的体词。

手语词汇的演变大致遵循一定的规律。一是变得更加对称。比如在空间中或脖子以下，之前单手运动的词，变成双手运动。如“快乐”，在 20 世纪 60 年代的中国手语书中是单手运动，见图例 5.3-1 左图，而在当代的通用手语，则已经变成了沿着身体双手上下运动。

快乐

图例 5.3-1

二是头部、面部附近的词，由双手变为单手，同时位置从中间往外移。原因是手语打在中间，会影响视觉，可能遮挡住对方看面部表情，也会影响手语者打手语时和对方眼神交流。同样，如上述“知道”一词在五十年前打在额头上，而现在是打在太阳穴处。“纪念”这个手语词原本是打在一处，遮盖了一只眼睛，而发展到当代，一方面受汉语影响变成双音节词，多了一个 J 手形在额头上，另外一个重要的变化是，第二个音节原有的 B 手形往上移了，不再阻挡眼睛。详见图例 5.3-2：

知道

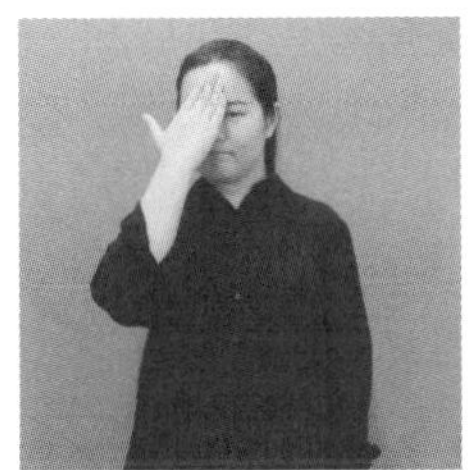
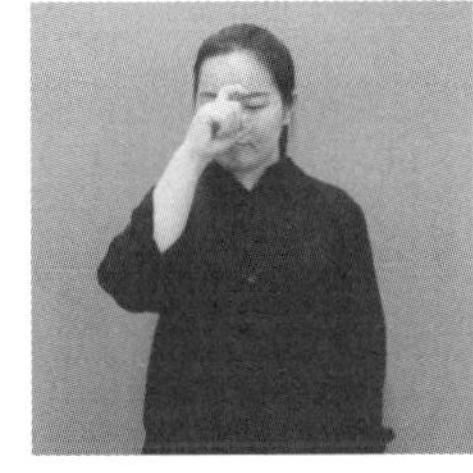
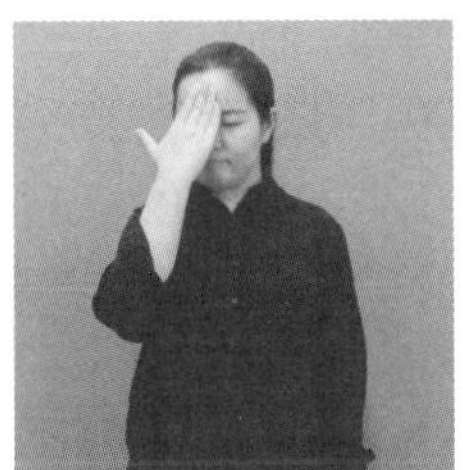

纪念

图例 5.3-2

三是省略，双音节手语慢慢丢掉一个音节，只保留了一个音节。如“需要”，以前是点一下自己的胸口，再伸出手，而现在是一个摊开手前后微动的动作。详见图例 5.3-3：

需要

图例 5.3-3

总之，一些手语的基本词汇是从听人的手势中借用过来，然后按一定的规律发生演变。

5.3.5 文化小贴士 在公共场所如何和聋人相处？

有一位聋人朋友曾找随梦君哭诉，说他和一位朋友在公交车上打手语交流，引起了旁边几位听人的注意，他们模仿自己和朋友打手语的样子并且哈哈大笑。这时，两位聋人有一种被嘲笑和侮辱的感觉，不敢继续打手语聊天。这种情况你见到过吗？或者是否做过类似的事情呢？随梦君认为之所以会有这种现象存在，主要还是因为听人对聋人的语言文化非常陌生，没能意识到手语与口语的地位平等，也是一门独立的自然语言，同时多少持有基于语音主义的人群偏见。对此，随梦君有一个好主意，建议聋人朋友主动和听人进行友好交流，用文字交流，如笔谈、手机打字等，并且教听人朋友一些简单的日常手语。同时，随梦君想提醒大家，人人平等，手语与口语平等。如果今后你在公共场所看到聋人朋友打手语，希望你能够以平等之心对待，不要随便模仿和嘲笑。如果对手语实在好奇的话，你完全可以主动找聋人交流，打败社交恐惧症！

其实，在公共场所如何与聋人相处的问题，也有来自听人朋友的困惑。

有一位听人朋友也曾找随梦君哭诉，说他在咖啡馆安静看书时，旁边聋人用手机视频聊天，手机里传出对方的各种背景音很是嘈杂，让人无法专心阅读。他也尝试过提醒聋人静音，但对方却不予理会，自己也很无奈。于是随梦君问，他是用什么方式提醒聋人的。听人朋友说，自己不会手语，当然是用口语提醒他呀。随梦君告诉他，你忘记了聋人是听不见的，也不是每位聋人都会读唇语，遇到这种情况，你可以尝试与之用文字交流，比如纸笔写字或者手机打字，聋人朋友一般是会接受的。如果遇到文字读写能力有限的聋人，就尝试灵活调用手势动作，用肢体语言努力让其明白你的意思吧！最重要的是以正确的方式勇敢迈出沟通的第一步！当然，聋人朋友在公共场合交谈时也需要注意自己的手机音量问题，以免给周围的人造成不必要的困扰喔。

学习重点　城市设施、空间位置关系的表述

6.1.1

你 地图 看 做 什么

（拍了拍随梦君的肩）你在看地图做什么？

你 来 突然 怎么

哇！你怎么突然出现。

想 玩 哪里 是 不是

是不是想去哪里玩啦。

我 明天 休息　计划 逛街 上海 建筑 过去 旧　观看　路 逛 到 图书馆 书 归还　这里

我明天休息，打算出去逛街，逛逛上海的老建筑，一路逛到图书馆还书，在

地下 餐馆 吃饭 随便　中午 博物馆 展览 东西　新 观看　好了 旁边　画廊 观看

图书馆地下餐厅吃个便餐，中午去博物馆看最新的展览，然后去旁边的画廊，

傍晚 画廊　那 餐馆 吃饭　吃饭好了　地铁 到 酒吧　朋友 聚集　聊天 玩 通宵

晚饭就去画廊斜对面的餐馆，之后坐地铁到酒吧和朋友碰头，玩个通宵。

花样　酒吧 哪里

真丰富，酒吧在哪儿？

地图　体育场 这里　酒吧 后面 是

你看这地图上的体育场，就在体育场背后。

体育 场 入口 多 多　酒吧 入口 多少

体育场不是有很多入口吗，酒吧到底在几号入口？

酒吧 体育场　入口 8

酒吧在体育场8号入口。

懂

我懂了。

上次 你 玩 通宵 喝酒 生病 向 你 学习 不要

你上次喝酒玩通宵导致生病，我不想像你这样。

讨厌

讨厌！

笑++

哈哈哈

6.1.2

词汇 & 句子

计划

1. 我计划在明天完成这项任务。
2. 这个计划已经被推迟了好几次。
3. 我已经制定了一个旅行计划。

马路

1. 小李每个星期都自愿去打扫马路。
2. 拂晓时，清洁工开始打扫马路。
3. 马路两旁的霓虹灯闪烁着夺目的光芒。

建筑

1. 中国的长城，埃及的金字塔，都是举世闻名的古代建筑。
2. 这幢建筑的主体已经完工了。
3. 这座雄伟的古代建筑上面凝结着古代劳动者的血汗。

图书馆

1. 图书馆里非常安静。
2. 学校设立了图书馆和阅览室。
3. 学生可以使用图书馆中所有的图书资料。

餐馆

1. 光顾这家餐馆的人很多。
2. 这家餐馆的糖醋排骨很有名。
3. 这家餐馆有柔和浪漫的灯光。

博物馆

1. 博物馆因整修而关闭。
2. 我非常喜欢参观博物馆。
3. 博物馆展出了许多出土文物。

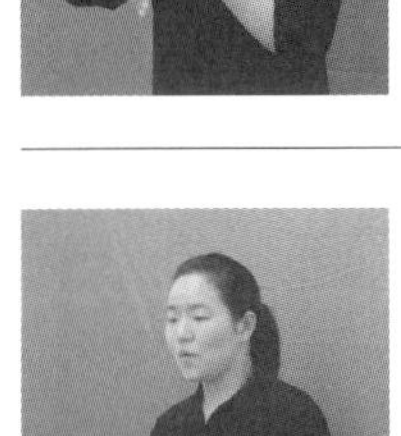

画廊

1. 爸爸妈妈已经出发去画廊了。
2. 画廊将展出一个新艺术家的作品。
3. 画廊将小美的画陈列在一个小角落。

酒吧

1. 大都市内的娱乐中心区，到处都有酒吧。
2. 今天傍晚，我在当地的一个酒吧遇到了一个朋友。
3. 在未成名之前，这位歌手曾在一家酒吧驻唱。

体育场

1. 球赛还没有开始，热情的球迷早已提前来到体育场。
2. 为了举办这次大规模的运动会，政府扩建了许多体育场。
3. 这个体育场曾举办过两次大型运动会。

公安局

1. 罪犯向公安局投案自首。
2. 主管亲自去公安局澄清事实。
3. 那名嫌疑犯被扣留在公安局里。

6.1.3

练习

一、看手语视频选择相应的词汇

（1）妈妈在（　　）上夜班。（银行 工厂 公安局）
（2）馆长带我们参观了（　　）。（博物馆 美术馆 展览馆）
（3）（　　）里有大量的商品。（超市 小卖部 便利店）
（4）我抵达（　　）。（酒店 银行 派出所）
（5）我在（　　）享受。（度假村 酒店 农家乐）

二、看手语视频判断正误

（1）从窗户向外看，城市的夜景一览无余。（对 / 否）
（2）小红想要去动物园看熊猫。（对 / 否）
（3）小明在一家化学工厂担任厂长。（对 / 否）
（4）表姐在银行工作了五年。（对 / 否）
（5）这家博物馆拥有十大镇馆之宝。（对 / 否）

三、将如下句子翻译成手语

（1）图书馆在我家斜对面。
（2）超市在地下二层，旁边是停车场。
（3）我计划先去工厂检查工作，再去工厂南面的农场走访。

6.1.4 语法要点 手语的方位表达

语言都有一套系统来表达方位和空间。比如汉语有很多方位词，“在……里”“在……上面”等。而英语更是有一套复杂的介词来表达事物之间的方位。在手语中有四种方式来表达方位：1）方位词汇；2）指向；3）方向动词；4）类标记。

手语也有一些基本的方位词，如“里”“外”“上”“下”“前”“后”“左”“右”等。这些基本的手语词可以用于对事物间方位的表达。此外，我们再来看看其他方位表达形式。

指向。以手指指向来表达方位的方式是非常常用的，比如我们指向空间中的一个位置，打出一个名称（表达事物或概念）手语词，再对其一指，即相当于给这个名称一个空间位置。比如：杯子 $_a$/ 指 $_a$/ 我 / 拿开。在这个句子里面，杯子的位置 A，说话人用手指指定了后，就相当于给了杯子一个特定位置，此后的动作就是去那个位置“拿”了。

方向动词。方向动词可以用于连接或标记方位。比如：我坐飞机从上海到北京。说话人经常先在近身处打“上海”，然后再打“飞机”这个词，在这个词停下来之处，再打“北京”。手形“飞”的空间位移就相当于从上海到北京。

类标记。例如图例 6.1–1“自行车”和“男孩”，这两个词都有对应的类标记，我们可以用两个类标记来分别表达女孩骑在车上、站在车旁，或将车子扛在身上。

女孩坐自行车

女孩站在自行车旁

女孩扛着自行车

图例 6.1–1

因此，手语中表达方位的手段较为丰富，不像口语主要是通过介词或方位词来表现，手语更多是通过指向、类标记，以及上文提到的一致性动词谓语来标记方位。

6.1.5 文化小贴士 自在的手语空间

如果你和聋人一起吃过饭，或许会有更加真切的感受——每次聋人在咖啡馆或饭店聚会，聊到店铺打烊还久久不愿意离开，即使站在店门外或者接着找下一个场地也想继续用手语聊天，这种“话不停手不住”是一种典型的聋人文化。但是大家有没有想过，这种文化现象的背后存在着怎样的社会因素？

聋人零星散布在听人间，世界上几乎不存在大量聚集、共同生活的聋人社群。在主流有声世界里，聋人的语言文化长期处于被压抑、被忽视的边缘化状态，他们极其渴望有能够自由畅快呼吸的空间。而这种空间是聋人文化的一大表征形式，其核心特点便是在场者约定俗成地使用手语。

手语是一门独立的自然语言，是聋人文化的核心。聋人是语言文化少数人群，在主流群体中容易变得静默，可是一旦出现纯手语空间，他们则可以自在手聊，那种长期以来被压制的表达欲望似被瞬间激发，因此大家通常十分珍视这种聋人社群内部的交流机会。

来试着换位思考，如果听人长期生活在以手语为主流语言、聋人为主流人群的社会中，同样作为语言文化少数人群，也可能有被静默的生命体验。

怎么样？相信大家现在能够稍稍理解聋人聚会时对手语空间的深厚情感了吧！

学习重点 空间指示、数的表达

6.2.1

明天 上午 游乐场 去 好不好　我 朋友 约 几个 一起

明天上午去游乐场玩吗？我约了几个朋友一起。

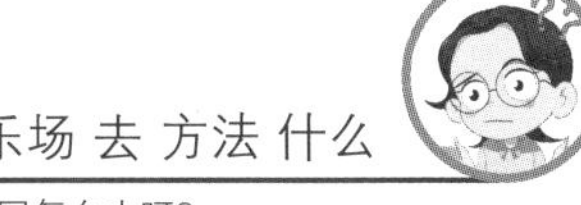

游乐场 去 方法 什么

游乐园怎么去呀？

你 先 地铁 终点　出口 1 号 出去 对面 公交车 车站 看 有

你先乘坐地铁到终点站，从1号口出来会看到对面的公交车站，跨过马路在这个车站

过去 那里 18 公交车　大概 20 分钟 站 5 到　好了　下车 直接 走

搭乘18路车，大约20分钟，过5站就到了。然后你下车直接往前走，

第一 十字路口　左拐 走 五分钟 到 好了

到第一个十字路口，左拐再走五分钟就到啦。

周围 房子 容易 记住　看 有

周围有标志物吗？

有　游乐场 前面 广场　人 铜 雕塑 耸立　周围 地摊 多++

有，游乐场前面有个广场，广场上耸立着一尊人物铜像。周围都有人摆地摊，快把广场铺满了。

复杂 我 导航 跟踪 走 算了

好复杂，我还是跟着导航软件走吧。

哎 朋友 刚才 发送　我 朋友 说 你 迷路 害怕　开车 接受 可以

哎呀，刚收到短信，我朋友说怕你迷路，愿意开车载你去。这样吧！

明天 上午 10点钟 家 到 楼下　等待 接受

明天上午10点到你家楼下接你。

好 好 好　明天 赴约 准时

太好啦，明天我准时赴约！

6.2.2

词汇 & 句子

游乐场

1. 游乐场上无比喧闹。
2. 小张听到春游去游乐场的消息，非常开心。
3. 孩子们在露天游乐场玩得快活极了。

终点

1. 跑道的终点在前方等待着我们，我们要努力冲刺。
2. 只有一直向前，才能到达成功的终点。
3. 即使离终点还很远，我们也不能停止前进的步伐。

车站

1. 小李刚赶到车站，车就开走了。
2. 随着汽笛的响声，火车慢慢地开出车站。
3. 我们可以乘地铁去车站。

广场

1. 绿树和鲜花把广场点缀得格外美丽。
2. 广场的周围，矗立着一幢幢高楼大厦。
3. 元宵佳节，广场上人山人海，热闹极了。

十字路口

1. 我在十字路口，不知道该往哪个方向走。
2. 他在十字路口没有选择正确的道路，结果走上了歧途。
3. 在人生的十字路口，我们需要谨慎地做出决定。

地摊

1. 路边有一个地摊，摆地摊的是一个中年女人。
2. 这地摊有很多假货，你得小心免得上当吃亏。
3. 我们一家来到集市上，终于穿过人山人海，挤到一个地摊前。

导航

1. 船上的导航设备帮助船员准确找到目的地。
2. 没有 GPS 导航，我们可能会迷失方向。
3. 在森林里，我们使用指南针来导航找到正确的路。

迷路

1. 在森林里迷路了，我感到很害怕。
2. 孩子们在公园里玩，但是很快就迷路了。
3. 虽然迷路了，但是我还是找到了回家的路。

愿意

1. 张老师和蔼可亲，同学们都愿意接近她。
2. 老师问全班同学是否有人愿意毛遂自荐，来担任班长。
3. 小张性格孤僻，没人愿意跟他做朋友。

赴约

1. 周日我要按时赴约，不能陪你了。
2. 这个年轻的女孩收了邀请卡，但是她没有同意赴约。
3. 我不能去赴约，因为我的屋顶漏水，我得打电话叫人来修。

6.2.3

练习

一、看手语视频选择相应的词汇

（1）我们沿着（　　）向农场走去。（小路 马路 高速公路）
（2）（　　）决定搬迁到郊外。（足球场 篮球馆 游泳馆）
（3）往（　　）走十分钟，你会看到很大的广场。（东 北 南）
（4）走过一个（　　）然后向右拐就到了我家。（十字路口 岔路口 单向道）
（5）爸爸开车送我去（　　）。（公司 工厂 学校）

二、看手语视频判断正误

（1）从我的单位到我家要开一小时的车。（对 / 否）
（2）我乘地铁来到了父母家。（对 / 否）
（3）他走了五条马路才找到了药房。（对 / 否）
（4）我去学校的路上总要路过邮局。（对 / 否）
（5）这个小区周围有各式各样的酒吧和餐馆。（对 / 否）

三、尝试用手语描述从你家最近的地铁站出来再到你家的路线

6.2.4 语法要点 手语的数的表达

这里说的数的表达是指语法层面上的数，单数、复数等意思。在语法上有一个很重要的概念叫作一致，很多语言（不包括汉语）都要求数的一致。比如说，汉语中“小男孩很开心（小男孩们很开心）”对应的英语、法语以及德语分别如下：

The small boys are happy.（英语）

Les petits garçons sont contents.（法语）

Die kleinen Jungs sind gl ü cklich.（德语）

手语中的复数是怎么样的？大致有这几种方式：1）名词的复数标记；2）代词的复数标记；3）类标记的复数标记；4）动词的复数标记；5）手语数词。

名词可以用重复的方式来表示复数，比如“书”这个名词，表达“两本书”时，“书”这个词会重复一次，而打“一些书”，“书”这个词就会重复两次（一共三次）。这种方式在口语中也会用到，比如汉语的“人人”以及“个个”。但是汉语中只重复一次，并且不是复数概念，也不会以“人人人”表示三人，“人人”表示的是所有人的意思。若手语要表示多人的概念，也只需要重复两次。如果打了四次“书 / 书 / 书 / 书”就有可能是指具体的数量四本了。这个也可以在句末加手语数词，如“书 / 书 / 书 / 书 / 四”。上述重复方式是原地重复。如果手语词是在不同位置重复，常表达书的物理空间及具体摆放方式，如“书上 / 书下 / 书左 / 书右 / 四”，意为：有四本书，分别位于上、下、左、右四个角。

手语中用代词表达数的概念是很常见的，代词有双数代词、三数代词、四数代词、五数代词等。当然不超过五数，这是由单手手指数所限。汉语中有“我俩”“你俩”“哥仨”的说法。在手语中，“我俩”就是横伸食中指，在你和我之间来往一下，以此类推“他俩”“你俩”，而“我们仨”是伸小指、食指和中指向包括我在内的三个人划一圈，把三个人纳入。四数和五数用得较少，即伸除大拇指外四根指头在所指的人中划圈，五数则是伸五根指头。而表示一般复数，可以用伸食指划圈的方式，“我们”“你们”“他们”即分别先指向自己、对方或第三者，然后划圈。还有一种特别的方式，就是直接用食指重复指，比如：先打“书”，然后空间中指三下，则表示三本书。

我们也经常用类标记来表复数。还是举上文“书”的例子，如果要表达“一排排的书在书架上”，就会用“书 /CL–B– 横向运动”。这个 CL–B，即类标记手形，用立 B 手形（辅手固定一端，而主手以辅手放置处为开端，做水平运动），类比一本本插在书架上的书。也可以用 B 手形手心朝上，来表示摊开的书，或者 B 手形手背朝上，表示合起来的书。而书随意摆放在桌上，可用双手分别在水平面上重复 B 手形动作。当我们想表达一个事件：“我在图书馆一排排查看很多书，最后找到一本自己喜欢的书”时，动词“查看”（用 V 手形），会做横向水平运动，来表示看的动作中包含了“许多的书”或“一排排的书”。这种动词的横向水平运动，是手语中数的一致的表现。详见图例 6. 2–1：

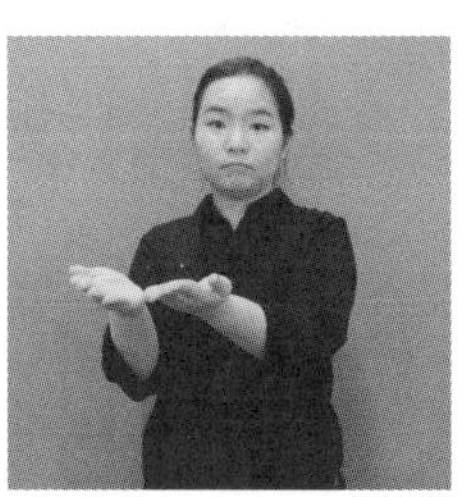

一排排的书　　摊开来的书

图例 6.2–1

在各国手语中，都有一套手语数字词，比如“一”就是伸出一根指头，“二”就是伸出两根手指头。然而各种手语数字词经常是不一样的。比如美国手语的“三”是伸“拇指、食指和中指”，而中国手语的“三”是伸“中指、无名指和小指”。数词经常放在名词前或后，来精确表达数量。不是所有的词都可以通过重复的方式表示复数，如本身带了重复运动的词“车子”（左右转方向盘状），本身固化在身体上的词“猪”（两手放在头侧），这些词需要和数词结合来表达复数。我们还要注意到数词和名词的合并，比如“三小时”“五个月”，通过数词的手形加上名词的位置和运动，就成为一个单音节复合词。

还有一种特殊的情况，数词还会临时充当类标记，如“有两 / 三个人从我眼前走过”，这时“食中”（“两”）以及“食中无”（一种“三”的变体）水平横向运动，就可表示两人或三人的移动。详见图例 6.2–2：

两人　　三人

图例 6.2–2

学习重点　手语的空间想象力

6.3.1

昨天 游乐场 开心 刺激 是

昨天游乐场玩得开心又刺激吧！

是

是啊！

你 回来 路程 环境 样子 什么 回忆 可以

你还能回想起你回来的路上的景致吗？

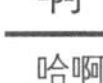

啊

哈啊？

来 我们 这 做 场地 你 我 轮流 房子 建立+++

来，我们在这里建立一个场地，你我轮流建造各种建筑。

东西 实际 这里 放 要 不要

要不要把实物放在这里？

不用 来 这 做 游乐场 我们 昨天 去 是 要求 记忆 建筑物 看 有 放 这里

不需要。来，这是当作我们昨天去的游乐场。要求按照记忆把看到的

注意 位置 错 不要 这 目的 什么 锻炼 空间 位置 感觉

建筑物都放出来，注意别搞错了位置，这是为了锻炼你的空间感。

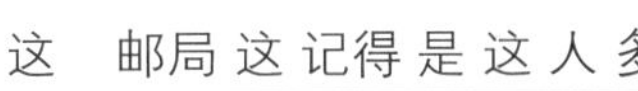

这 邮局 这 记得 是 这 人 多

这里，我记得是家邮局，人很多。

好 邮局 超市 超市 这 前面 停车场 大 记得 是

很好。邮局斜对面是超市，我记得超市前面还有很大的停车场。

这 超市 五楼 换 你

超市有五层楼高。该你了。

超市 对面 办公 楼房 记得 是 啊 这里 这里 什么 我 忘记 这里

我记得超市对面还有办公楼，咦，我忘了该放哪里……就这里吧。

你 办公 楼房 这 游乐场 是 压塌

喂，你把办公楼建在了游乐园里！压塌了！

再 再 再 可以

能重新来过吗？

不行 不行 惩罚 来

想得美，认罚吧！

6.3.2

词汇 & 句子

刺激

1. 这是一场紧张而刺激的足球比赛。
2. 高考落榜对小王来说是一个很大的刺激。
3. 野外探险充满了惊险刺激。

回忆

1. 小美一直沉浸在幸福的回忆中。
2. 这段美好的回忆我永远都不会忘记。
3. 校园里有我们学生时代最美好的回忆。

建造

1. 这座大桥是由工人们建造的。
2. 他花费了很多时间和精力来建造自己的房子。
3. 这座高楼是由建筑师们设计并建造的。

记忆

1. 小明正在背（记忆）英语单词。
2. 随着年龄的增长，儿时的记忆在脑海中渐渐模糊了。
3. 小李还能回忆起小时候的一些事情。

注意

1. 上课时要注意听讲不要四处张望。
2. 横穿马路的时候要注意来往的车辆。
3. 老师一再叮嘱我们，过马路时要注意安全。

空间

1. 办公空间的大小取决于员工的人数。
2. 这个房间的布局提供了充足的空间。
3. 这个车库没有足够的空间容纳两辆车。

轮流

1. 这次轮流我们为社区做贡献了。
2. 我和小明轮流做饭。
3. 现在轮流小王来解释这个问题了。

忘记

1. 我忘记了小李的生日。
2. 我经常忘记密码。
3. 我忘记了今天的会议。

崩溃

1. 连日暴雨，新建的房屋崩溃了。
2. 老李的公司因经济危机而崩溃。
3. 我仿佛看到整个世界在我面前崩溃。

惩罚

1. 他因考试作弊而受到了严厉的惩罚。
2. 惩罚的目的是让人改正错误。
3. 她因为迟到而被老师惩罚。

6.3.3

练习

一、看手语视频选择相应的词汇

（1）跳伞是项（　　）的运动。（惊险 刺激 有趣）
（2）他在（　　）停好车。（停车场 办公楼 医院）
（3）我答应了他的（　　）。（要求 恳求 条件）
（4）我喜欢参观古代（　　）。（建筑 寺院 公园）
（5）那些过去的眼泪终将风干在（　　）里。（记忆 回忆 梦乡）

二、看手语视频判断正误

（1）广场的周围，矗立着一幢幢高楼大厦。（对 / 否）
（2）这片农田一望无际，唯见两三座发电塔零零散散地分散着。（对 / 否）
（3）我家在他家的斜对面。（对 / 否）
（4）市政府正在策划美化市容的方案。（对 / 否）
（5）今天，我和朋友在足球场看了一场精彩的球赛。（对 / 否）

三、用以下词汇造手语句

（1）回忆
（2）忘记
（3）注意

6.3.4 语法要点 方言和通用语的由来

语言学家认为语言是平等的，主要是从语言本身的内容结构而言，就像说人都是平等的，因为我们人都有生老病死，五脏六腑。但是社会学家可能认为，社会是有阶层的，不同阶层的人和语言经常是“不平等”的。在政治或经济上强势的社会团体使用的语言或语言变体，往往也成为更被认可或尊崇的语言（语言变体）。这种情况古今中外莫不如是。如英语就是在北方的盎格鲁及撒克逊民族融合时期奠定其基础的。而诺曼底征服者威廉一世于 1066 年入侵后，法语成为英国社会的上流语言，英语只流行于贩夫走卒之口，直到英国在海上崛起，打败了西班牙无敌舰队（1588 年），英语随英国人四处扩张殖民地，走到了全世界。20 世纪英国虽然衰落，但同操英语的美国代之成为强国，也同时维系了英语作为全球最强势语言的地位。而在英国，其首都伦敦附近的口音（包括牛津、剑桥）以及王室的口音（即称为 King’s English，Queen’s English）成为发音标准。

在中国，也早就有“雅言”和“方言”的区分，有人认为“雅言”是中国最早的通用语言，因为周朝（特别是东周）主要在洛阳附近，后来东汉也定都洛阳，所以历代通用语标的基础就是在洛阳一带，这些当然是值得商榷的。当代的普通话以北京语音为标准音，北京话作为优势方言的形成，也得益于元、明、清三代都是首都的政治优势。

手语中也存在类似情况。各国手语的研究者发现，各个国家都存在手语方言的现象，有些国家的手语还存在不同种族或性别间的差异。究其原因，在地理方面，每个地方都有自身的手语文化，这跟口语的方言一样。比如在美国，曾因黑人和白人上不同的聋校而导致他们手语的差异。同理，在一些天主教国家，如北爱尔兰男女不同校，因而导致男聋校和女聋校之间手语有差异。英国建设国家手语语料库时，一方面综合考虑了 1992 年纸质手语词典的成果，另一方面，以此为基础，分别调查了包括伦敦在内的八个城市的方言变体。他们发现，即便是基本的数字和颜色词，八个地区也存在较大差异。目前绝大多数国家的手语都是从聋校集中发展起来的。因为聋校是天然的聋人语言和文化堡垒，而有时即使在同一聋校，也可能产生不同的重要变体。以上海为例，当年上海第四聋校和第三聋校在打“借”这个词上就存在区别，前者使用 K 手形（伸食指和中指及拇指），后者使用食指和中指。

于是，出现了一个问题：既然有这么多方言，我们是否应当推动手语语言的统一呢？这一问题存在不少争议，有些人认为这样会影响手语方言的发展（当地聋校全部采用通用词汇，那该地区的方言词汇将会渐渐被淘汰）；另外一派的观点认为应当推动通用手语的发展，这样才更有利于不同地区聋人间的沟通。另外，目前各国聋教育主要的老师是听人老师，如果在教学中使用手语，通用的手语更有利于手语的考核以及手语进入聋教育课堂。有些国家的通用手语好像是自然形成的，比如在美国，美国政府不把任何语言（包括英语在内）当成官方语言，给予推广，基本上，各地手语是在聋校和社会交流中自然发展而成的。但因为美国手语发展了两百多年，而且主要是由东部一所聋校手语变体慢慢向全国扩展，从而形成了统一的美国手语。我国自 20 世纪 50 年代以来就非常重视手语。20 世纪 50 年代末，当时的中国聋哑人福利会（即中国聋人协会的前身）组织人力物力四处搜集全国手语词汇，发行了手语草图本《聋哑人通用手语草图》，在全国聋校中推广。而在 2019 年，中国聋人协会在中国残疾人联合会的领导下，由《国家手语和盲文研究中心》研发，在华夏出版社出版发行《国家通用手语词典》，这本词典基于各地方的自然手语词汇编纂而成。对于通用和地方手语，我们会发现是你中有我我中有你的一种状态。对于手语工作者（手语翻译或从事聋教育），既要学好通用手语词汇，也要学好地方手语（因为许多工作是落实到各个地方具体操手语方言的人身上的）。

6.3.5 文化小贴士 “免费”还是“厕所”？——中国地方手语大不同

在北京某商场，来自上海的朋友和北京朋友坐在一起聊天。聊到一半，北京朋友打手语说“你坐一下，我去趟厕所就回”。万万没想到，北京手语“厕所”和上海手语“免费”是一样的。上海朋友心想，是不是有什么好东西不想跟我们分享，于是好奇地跟着一块去了。

北京朋友说：“你也要去？着急吗？”

上海朋友说：“非常急！走！”

毕竟人有三急憋不住，北京朋友只好赶紧带他过去。这时，厕所的标志赫然出现在眼前。上海朋友想不通了，厕所有什么好东西拿？

于是问北京朋友：“我们来厕所做什么？”

北京朋友同样一脸迷惑，说：“你刚才不是很着急要来厕所吗？这是厕所呀！”

上海朋友恍然大悟——原来刚才他的手语不是“免费”而是“厕所”！瞬间尴尬得涨红了脸，只好将错就错说自己确实是着急去厕所，并表达了谢意。

学习重点　购物、基本句型

7.1.1

这 护肤 这 测试 用 有

这里的护肤品有试用品吗？

应该 有 问 卖 东西 女

应该有，问售货员小姐吧。

镜子 看 自己　感觉 好　钱 多少

从镜子里看自己，感觉不错，多少钱？

299

299元。

299　贵 点　我 预算 超过　如果 打折 有　便宜 我 考虑

299元啊……有点贵，超过了我的预算，如果有打折，便宜的话我再考虑。

我 听　东西 送 有

我听说有送赠品。

东西 送 什么

赠品是什么？

粉底 价格 188

价值188元的粉底赠品。

钱 值得

哦……很划算啊。

听 这 卖 效果 好　几天　等　售空 会

听说这个产品目前正在热销，过几天就会售空。

信用卡　给　谢谢

小姐，这是我的信用卡，谢谢！

这 买　果断 果断

这就买下啦？真果断！

7.1.2

词汇 & 句子

试用品

1. 这家公司将为高科技领域科研人员免费提供试用品。
2. 我的皮肤很敏感，你们有试用品可以让我先试用一下吗？
3. 业务部决定以寄发试用品的方式来推广新产品。

昂贵

1. 这件衣服非常昂贵。
2. 这个品牌的巧克力非常昂贵，但是味道很好。
3. 这些鞋子非常昂贵，但是非常舒适。

预算

1. 该部门的花费少于其预算。
2. 这件衣服的价钱超出了我的预算。
3. 留学预算中最大的一项是生活费用。

打折

1. 打折商品不能退换。
2. 每到换季，商品都打折出售。
3. 打折是招揽顾客的途径之一。

便宜

1. 便宜的鞋子不耐穿。
2. 这套公寓租价便宜。
3. 这支笔不但便宜而且实用。

赠品

1. 这是我在嘉年华得的免费赠品。
2. 由于赠品的出现，市场经济下的商业竞争更加白热化。
3. 你可以得到商店送出的小赠品。

划算

1. 这个旅游景点的门票价格不划算。
2. 网购比在实体店购物更划算。
3. 这家超市的商品价格都挺划算的。

售空

1. 令厨师和组织者高兴的是，这些小吃很快就售空了。
2. 今年去澳大利亚和新西兰的度假产品已经售空。
3. 展览开始的第一天，到今年年底的预售票已经售空。

信用卡

1. 小明的信用卡债务在不断堆积。
2. 使用信用卡结账，你不就必须携带大量现金了。
3. 对不起，我把信用卡落在家里了。

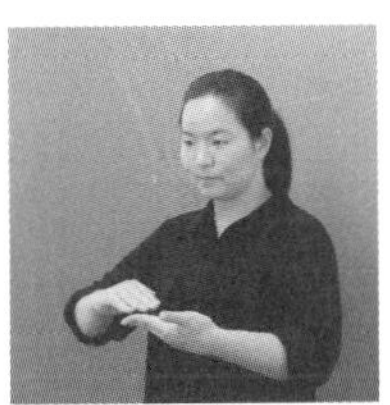

发票

1. 请带好发票，作为报销凭证。
2. 每到年底，公司就忙着收集发票。
3. 我每次购物总要开发票。

7.1.3

练习

一、看手语视频选择相应的词汇

（1）货架
（2）商业
（3）热销
（4）原价
（5）销售额

二、观看视频，用手语复述大意并翻译成汉语

三、将如下句子翻译成手语

（1）便宜的鞋子不耐穿吧？
（2）请跟他去商场检查工作。
（3）留学预算中最大的一项是生活费用啊！
（4）她换工作了。
（5）他每个月的工资不是一万元。

7.1.4 语法要点　手语的句类

我们介绍一下手语单句的类别。所谓单句，就是没有从句成分，以主语和谓语为主干的句子。句类，即指句子的类别或类型，主要分为：陈述句、疑问句、否定句、祈使句以及感叹句。陈述句，就是陈述一个事实，可以问真假的句子类别，反映在文字形式上就是句末划句号且没有其他特殊标记的句子。疑问句，顾名思义，就是因为有疑问或想问而使用的句子，疑问句我们是不问真假的，只是用于寻求信息。而在形式上，通常会用疑问词（什么，谁）及疑问语气（吗，呢）标记疑问句。否定句，则是陈述句的逆操作，就是陈述句陈述的事实，否定句则是相反的陈述，如果陈述句是真的，那么对应的否定句就是假的，反之，如果陈述句是假的，其否定句就是真的。祈使句（命令句）是要求某人做某事，这种结构经常会省略主语，因为说话的对象往往就是第二人称，在手语中也会省略主语或者加上“请”字。感叹句是一种表达强烈情感的句子，在书面语上以感叹号结尾。

陈述句：
汉语：我们一起吃饭。
手语：我们 / 吃饭 / 一起。

疑问句：
汉语：我们俩一起吃饭好不好？
手语：我们俩 / 吃饭 / 一起 / 好不好？
汉语：我们俩和谁一起吃饭？
手语：谁 / 一起 / 我们俩 / 吃饭？

否定句：
汉语：我们不 | 没一起吃饭。
手语：我们 / 吃饭 / 一起 不 | 没。

祈使句
汉语：一起吃饭吧！
手语：吃饭 / 一起！

感叹句
汉语：一起吃饭真好！
手语：吃饭 / 一起 / 好！

当然，为了其他的语用用途，这些基本句类可进一步分析出交叉型的句类，即为了达到修辞（更有说服力）等语用功能，在口语中我们经常这么说：

我们能一起吃饭吗？（表示礼貌）
你知道最早的中国聋人老师吗？——是周天孚。

你真早！（此为反语，比如，你朋友请你吃饭，却迟了很久才到）

以上这些也能在手语中找到对应的表达。

7.1.5 文化小贴士　送外卖如何找到聋人顾客？

在不少社会服务中，相比于用文字沟通，主流社会或许更倾向于使用有声语言，如“联系方式”通常默认指使用语音通话的形式，而日常生活中常见的预约、送餐热线等通常也主要或仅能通过语音通话形式实现。下面我们看一则有趣的案例，来一同思考一下聋听交际方式差异，以及当下信息无障碍建设的进步空间吧！

一聋人在午餐时点了外卖，并一如既往备注“我是聋人，请发短信联系”。可外卖员送餐时习惯性地拨打了顾客的手机号码，却发现迟迟联系不上。楼下众多外卖员和取餐顾客人头攒动，总不能一个一个问吧？眼看送餐就要超时了，外卖员很是着急，于是找随梦君求救。随梦君告诉他，先观察有没有人正在“手舞翻飞”，外卖员仔细观察后发现大家基本都在看手机。于是随梦君悄悄告诉他，自己还有一计，但实属无奈之策——可大声叫喊订餐人的预留名字等信息，但记得事后要跟聋人道歉，因为这种行为确实不太尊重。外卖员听后，十分紧张地大叫一声，结果在场的听人全部回头看向他，只有一个人依旧盯着手机——于是外卖员终于找到了聋人顾客，并在送餐后对其表达了歉意。

其实，随着网购、打车、点餐等网络消费形式越来越普及，信息无障碍建设的工作盲点也在逐渐暴露。如网约车司机通常与乘客使用语音通话和/或简短文字消息的形式联系，而遇到定位不准确或其他需要处理的临时突发情况，文字沟通则显得效率低下。如何满足聋人消费者的基本信息需求、保障其基本消费权益，是值得我们深思的问题，也是亟需我们努力做出改变的方向。

学习重点　银行、句子的基本词序

7.2.1

我 号码 拿　银行 下午 人 多 多　这 钱 存取 机器 人 多 多

我拿好了号，银行下午人真多，连自助存取机也一大堆人。

轮流 你　柜台 去 快

到你了，快去那边柜台。

来　给 翻译　实际 测试

跟我来，为我翻译，实战一下。

可以　银行卡 提供　密码 输入 请

好吧。请提供银行卡，再输入密码。

不好　密码 输入 错 错 3　密码 忘记

惨了，输入了3次都是错误的，我忘记了密码。

密码 挂失 办理 需要

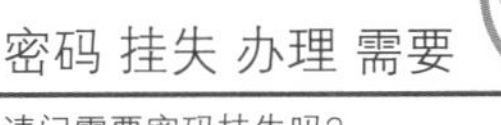

请问需要密码挂失吗？

需要

需要。

身份证 给　等 稍微　密码 重新 改 好了　你 密码 新 输入 请

请提供身份证。稍等，重置密码了，请你输入新密码。

好了　帮助　取款　5万

好了，请帮我取5万元。

好　稍等　给 数 正确 不 正确　你 钱 多 土豪

好的，请稍等，给你，请数一数。你真是土豪啊！

你 身份 什么 记住

请记住你的角色！

对不起　签名 请　办理 好了 走 可

咳咳，不好意思。请签字，然后可以离开了。

等++　笔记本 电脑 买 需要　存 三万

等等——我只需要买笔记本电脑，那我存三万元吧！

你 折腾 人 爱好

你果然很爱折腾人……

7.2.2

词汇 & 句子

银行

1. 银行的贷款应按期偿还。
2. 小李的丈夫是银行高级主管。
3. 银行冻结了那个单位的所有财产。

自助存取机

1. 人们在自动存取机身后排起了长队。
2. 街头自动存取机是在 20 世纪 70 年代开始出现。
3. 小红正在自动存取机上取钱。

柜台

1. 商店里的柜台上摆满了各式各样的商品。
2. 节日期间，柜台前挤满了新老顾客。
3. 服务员正在刷洗柜台。

密码

1. 不要把银行卡密码改成自己的生日。
2. 输入账号密码就可以查询产品相关消息。
3. 我丢失了账号密码，有没有方法再找回来？

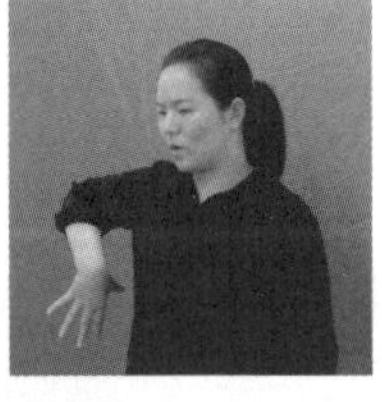

挂失

1. 我要办理信用卡挂失，并取消丢掉的那张卡。
2. 如果您的存折丢了，您必须马上挂失。
3. 请逐项填写这份挂失申请表，我们将仔细核对。

输入

1. 管理员将每个人的身份证号码输入计算机。
2. 先将银行卡插入提款机，再输入密码，就可以取钱了。
3. 每个老师的档案材料都已输入了电脑。

取款

1. 我的钱暂时还够用，但我明天必须去银行取款。
2. 客户只要在银行开户，便可以持银行卡在银行储蓄网点办理取款业务。
3. 在取款时，要当心身边鬼鬼祟祟的人。

数

1. 那道数学题，老师一指点我就懂了。
2. 小李的数学基础非常扎实。
3. 我数了半天也没数清楚。

签名

1. 球迷围住这位足球队员以讨取亲笔签名。
2. 老李伪造老板签名，盗领公司款项。
3. 请在报到表上签上你的名字。

存款

1. 妈妈从银行取出了所有的存款，给哥哥交了学费。
2. 我要从我的存款账户中支取 1 万元人民币。
3. 如果我要买车，我将要动用存款。

7.2.3

练习

一、看手语视频选择相应的词汇

（1）账号
（2）冻结
（3）汇款
（4）假币
（5）存折

二、看手语视频判断正误

（1）我们已经进入了无现金时代。（对 / 否）
（2）这种假币以假乱真。（对 / 否）
（3）对不起，我把借记卡落在家里了。（对 / 否）
（4）他们已经将系统重置为默认设置。（对 / 否）
（5）对重大工程项目采取冻结资金的手段是没有任何作用的。（对 / 否）

三、将如下句子翻译成手语

（1）我汇五万元给妈妈。
（2）妈妈转了五万元给我。
（3）我丢了她写有银行卡账号的纸条。
（4）她丢了我写有银行卡号的纸条。

7.2.4 语法要点　手语句子的基本语序及其影响因素

句子语序是一个很重要的语法手段，当我们想要表达或传达一些基本的施受信息，比如谁对谁做了什么，在很多种语言中都要通过语序实现。因此，主、谓、宾如何排序，哪个在前哪个在后，都会对编码信息产生影响。当然，世界上有的语言有丰富的形态，相对而言，语序所起的作用不那么大，而对汉语这样的语言，完全没有任何格标记，则对语序作为语法手段的依赖程度就比较高，其语序就越有规律（或称为“越不自由”）。英语也是形态不那么丰富的语言，但至少在人称代词上保留了主格、宾格。以下几种排序（虽然有些不符合语法），基本不会造成误会：

1）Her they love（OSV）.

2）Her love they（OVS）.

3）They love her（SVO）.

4）They her love（SOV）.

5）Love they her（VSO）.

6）Love her they（VOS）.

以上这些句子无论如何调整，我们总能明白“谁爱谁”（即“他们爱她”）。但当我们换成汉语，会发现以下这些句子会产生歧义（为说明问题，将汉字都换成拼音，这样更具效果，因为在汉语口语中是不区分男 ta 还是女 ta 的）：

1b）Ta tamen ai.

2b）Ta ai tamen.

3b）Tamen ai ta.

4b）Tamen ta ai.

5b）Ai ta tamen.

6b）Ai Tamen ta.

我们会发现例 2b）和例 3b）的意思是相反的，而例 1b）和例 4b）的意思是相反的。而例 5b）和例 6b）意思不明，且最为别扭。因此，语序在某些语言中扮演很重要的角色。除语序外，对句子意思的解读还依赖其他因素，比如重音或停顿或加小词。如例 1b），我们说“她，他们爱”或者“她呢，他们是爱的（这句话可能有暗示的对比：另外一个人，他们不爱）”。

手语语言学家们对语序的问题也非常感兴趣，大量研究表明，在较为成熟手语中，SVO 和 SOV 是陈述句（其他句中语序会受影响）中最常见的语序。当然，如果是一些刚兴起的手语或在离群聋人的家庭手势语中，OSV 也有相当的比例。有的手语学者认为，即使是以 SVO 为基本语序的手语中，SOV 也是永远合法的。另外一种特色的手语结构是 SVOV，比如，张三 / 喜欢 / 李四 / 喜欢（这个时候会重复动词），还有一种有趣的手语语序是 SV1OV2，即我们汉语用一种致使结构来表达一类事情，即“某某做了什么导致了某某什么”，比如：“悠澜一脚踢飞了小川。”而在手语中的表达，即“悠澜 / 踢 / 小川 / 飞”。因为手语是一个空间语言，所以所打手语的排列组合要受空间的制约，以及手语者对空间手语运动记忆的制约。这也是手语句子一般不会太长的原因，不然等打完句子的前半部分，后半部分就容易忘记了，这可能也是

SVOV 的由来。因为要通过重复动词来加强对方的印象。

影响语序的因素还有什么呢？第一个因素是生命度问题。如果两个都是有生命的，和一个有生命一个没生命的，语序倾向性会不一样。“张三踢李四”和“张三踢球”，在汉语中可用同种语序表达。但在手语中，前者更多会用 SVO 结构，而后者有可能用除 SVO 之外的结构，如“球 / 张三 / 踢”或“张三 / 球 / 踢”。这是因为世界上大多数有动作的事件是有生命的（能动的）主动对没生命的事物发出动作。球是不可能主动去踢人的。当然，你也许会说，如果是球砸中了张三呢？比如“张三在校园路上走，不知哪里飞过来一个球，直接砸到张三脑袋上，把他砸晕了”。这个时候，可能会用“张三 / 球 / 砸”。“球”在这里不是施动者，也不能单纯用简单的主语或宾语来分析（限于篇幅不深入讨论，想要继续分析，得进一步学习手语语言学）。第二个因素就是动词，动词会影响语序。“踢”明显是人发出的动作，而“砸”或“掉”可能不是来自人的动作。而有些动词，如我们上文讲动语时提到的，可以直接标记哪个是主语，哪个是宾语，如“悠澜帮助小川”，“帮助”这个词是一个方向性（或者说一致性）动词，“帮助”的起点是主语，终点是宾语。因此，在手语中，可以随意在两处先打“悠澜 a”或“小川 b”，而用动词“a 帮助 b”对应从“悠澜 a”处运动到“小川 b”处即可。

学习重点 理财、复杂句

7.3.1

随梦君 如果 100万 有 理财 方法 什么 你 会

随梦君，如果你有100万，你会如何理财？

理财 一般 是 银行

我一般会存在银行理财。

存款 定期 还是 活期

存定期还是活期？

30万 定期 存款 10年 利息 赚取 另外 30万 寻找 货币 基金 理财

我会把30万存10年定期，赚取利息，另外30万元找

风险 程度 中 低 买 20万 寻找 公司 股票 前途 有 买 风险 大 点 但是

中低风险的理财产品，拿20万买有潜力的公司的股票，风险大一些但

赚取 倍数 高 剩余 10万 活期 存款 备用 每个月 工资 现金 运营

可以得到高回报。剩下10万存活期作为备用金。靠工资收入维持现金流。

我 认为 篮子 鸡蛋 全部 放 不能

我的想法是不能把鸡蛋都放在一个篮子里。

最近 钱 诈骗 事情 发生 经常 诈骗 方法 隐蔽 投资 谨慎 要

最近经济诈骗案件时常发生，诈骗手段很隐蔽。投资也要谨慎，

利率 高 贪婪 不要 我们 贪婪 什么 利息 是 骗子 贪婪 什么 本金 是

不要贪利率高的，我们贪的是利息，骗子贪的是我们的本金。

重要 什么 收入 支出 一高一低 理财 运营 好 可以

最重要的是，收入一定要比支出高，这样才能让理财良性运转起来。

重要 什么 首先 100万 有 要

最最重要的是，你要先有100万。

这 扎心 扎心

这话扎心啦！

7.3.2

词汇 & 句子

理财

1. 我的理财之道很简单，不过是开源节流。
2. 张阿姨是一位勤俭的理财能手。
3. 小明没有正确的理财观念，一有钱便随便乱花，结果入不敷出。

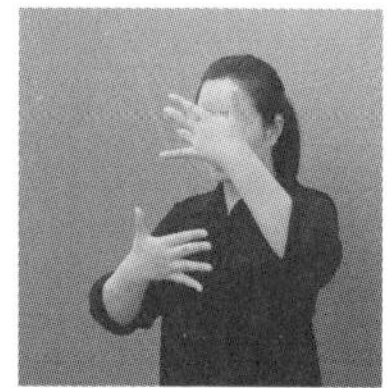

定期

1. 我们需要办理活期储蓄存款、定期存款和大额存款。
2. 定期存款的利息只可在存款期满时支付。
3. 请问哪家银行的定期存款利率最高？

活期

1. 我想将活期账户上的钱转些到支票上去。
2. 小张想开个活期储蓄账户。
3. 要留出一定的流动资金，存到活期账户上。

利息

1. 在银行存款会有利息。
2. 烟草行业的巨额利息是众所周知的。
3. 我们付给您的利息和付给本地居民储户的利息相同。

货币

1. 国家控制货币的发行量，防止通货膨胀。
2. 我把大部分储蓄投资到了货币基金。
3. 这些国家的货币突然猛跌。

经济

1. 国家采取有效措施，减轻农民的经济负担。
2. 我国的经济建设面临许多困难，不但缺乏资金，也缺乏合格的人才。
3. 我国的经济建设正大踏步向前推进。

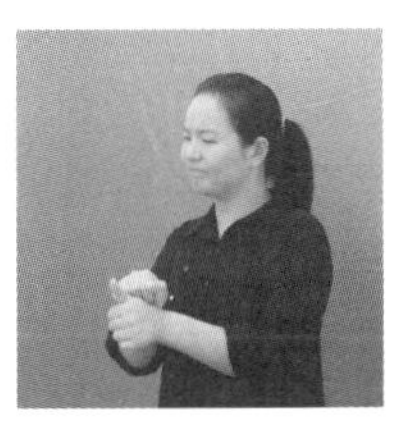

诈骗

1. 骗子施展各种伎俩欺骗善良的人。
2. 店长被人用假币蒙骗（诈骗）了一次。
3. 不法商贩以次充好，欺骗（诈骗）顾客。

本金

1. 借款人应当按期归还贷款的本金和利息。
2. 农户只需按期归还本金，无需再额外支付利息和其他费用。
3. 选择保本保息的理财产品，就不存在本金和收益损失风险。

收入

1. 小王用自己勤工俭学的收入为妈妈买了一副手套。
2. 由于调整了种植结构，今年农民的人均收入超过了去年。
3. 今年的旱灾使得农民的收入大大减少了。

支出

1. 浪费时间是所有支出中最奢侈和最昂贵的。
2. 消费支出依赖于未来的预期收入。
3. 当收入多于支出时，说明收支平衡良好。

7.3.3

一、看手语视频选择相应的词汇

（1）基金
（2）负债
（3）股票
（4）风险
（5）赎回

二、观看手语视频，翻译成汉语

三、将如下句子翻译成手语

（1）当收入多于支出时，说明收支平衡良好。
（2）她赎回所有的基金后，立刻给丈夫交纳了手术费。
（3）因为改革开放促进了经济发展，所以大部分人的生活变得无比舒适。

7.3.4 语法要点 手语的复杂句

复杂句即有从句和主句之分的句子。并列句和复杂句要做区分。“张三去北京。李四去南京”，这是两个并列句。“如果张三去北京，那么李四就去南京”，则是带条件从句的复句。“张三去北京之前，李四去了南京”，则是带时间副词性（状语）从句的复句。在手语中，日常对话常用简单句，但在正式的场合，可能会用复杂句。而听人日常的口语可能也是一样，大家都不会故意说很长的句子，只有在正式场合，比如教育学习场合，才会构建复杂句。手语当然是有复句的，只是其联结词不是特别明显，有时候会用手控词，而很多时候用非手控方式来表达。比如上述条件句，在中国手语中，可以用一个“如果”或“假如”的手控词表达，但大多时候可能就用一个非手控表情表达，“张三 / 北京 / 去，（扬眉 / 侧头），李四 / 南京 / 去”。那么反事实的情况呢？“如果你能发财，猪都会飞了！”（背景：你跟朋友打赌，觉得他又懒又笨，不可能发财。你说这句话气他）这时，更多用非手控表情串联起复句。手语打法如下：你 / 发财 / 可以（一脸不屑），猪 / 飞。

时间状语从句我们可以用中国手语中“以前”（A 手形为辅手，而主手从那个手形向后运动）这个连词，常见的打法是：李四 / 南京 / 去，完了，张三 / 去 / 北京。

另外还有一种复句，是用一个短句来修饰（限制）主语或宾语，称为形容性从句或定语从句。比如泰戈尔的飞鸟集中的诗句：“He who wants to do good knocks at the gate; he who loves finds the gate open.”郑振铎翻译成：“那想做好人的，在门外敲着门；那爱人的，看见门敞开着。”我们知道，who wants to do good 以及 who loves 是分别用于限定两类人的。汉语译句中“想做好人的”和“爱人的”是由“的”标记的关系从句。可见英语和汉语都有关系从句，尽管表达的方式不一样，英语的从句是跟在被修饰的名词之后的，而汉语中是前置定语从句，再比如《爱我的人和我爱的人》歌中的一句歌词：“爱我的人对我痴心不悔，我却为我爱的人甘心一生伤悲”，这里很明确，“爱我的”和“我爱的”是对“人”的限定。

许多手语学家认为在手语中是有形容性或定语从句的。他们认为中国手语主要通过非手控来标记。这些非手控手段包括扬眉、眨眼、口动以及身体倾斜等。但前贤介绍得有些笼统，比如：眨眼标记是位于关系从句首、句中还是句尾？扬眉、口动以及身体倾斜是如何协同标记的？

目前我们认为：一，手语中有复句结构；二，复句结构目前不像口语中那么结构明确稳定。手语似乎更倾向于用非手控手段来标记主从句。

学习重点 表达情感、多角色叙事

8.1.1

你 怎么 脸 开心 不

你怎么了？一脸闷闷不乐的样子。

我 闺蜜 原来 关系 好　昨天 闺蜜 告诉 男朋友 创业 钱 需要

我和闺蜜本来关系很好。昨天闺蜜说她的男朋友需要一笔钱创业，

觉得 他 商业 计划　好 问题 没有 喊　钱 合资 支持　男朋友 说 工作

她觉得他的商业计划书没问题，找我凑点钱一起投资。她的男朋友还说有业务

一半 年 赚取 10倍 可以　我 看 那 男 相信 不行　闺蜜 告诉 怀疑

半年后能赚取十倍回报。我不看好那男的，告诉闺蜜我怀疑

男 钱 欺骗 是　闺蜜 惊讶 不会 恋爱一半 年　骗子 不会 他 创业

那男的骗她钱，闺蜜说谈了半年，怎么会是骗子，而且她认为他能创业

成功 顽固 可以　我 钱 借 坚决 拒绝　闺蜜 生气　吵架　现在

成功。我坚决不同意借钱。闺蜜生气了，和我吵了一顿。现在

不搭理　怎么办

我们不再说话了，怎么办啊？

急 不　你 处理 准 错误 没有　你 钱 借 不行 原因 公开 解释 清楚

不要急。你做得没错。你要跟她详细解释你不同意借钱的理由。

我 说 好了　但是 闺蜜 指 男 恋爱+　相反 怀疑 嫉妒　我 担心

我说了，但闺蜜和男朋友正打得火热呢，她反过来怀疑我嫉妒她。我担心

她 最后 钱 感情 2 骗 完蛋　我 帮助 不行 无力

她最后被骗钱又被骗感情，但一点办法都没有。

难过 不要　关心　说明 你 人 善良　她 误会　你 心 好 最后 她 明白 会

不要难过，你关心她，说明你人很善良。她误会了你，最后会明白你的苦心，

如果 她　固执 仍然　时间 给　等　哭 不要　拥抱+

如果她还是这样固执，那就交给时间吧。别哭啦，抱抱。

8.1.2

词汇 & 句子

怀疑

1. 你不要怀疑他的能力，他一定能完成这个任务。
2. 对于她的证词，我表示怀疑。
3. 这家餐厅因食品卫生问题受到顾客的怀疑。

发誓

1. 小明发誓一定要超越别人。
2. 战士们向班长发誓，为了完成任务即使粉身碎骨也在所不惜。
3. 小李发誓绝口不再提这件事。

吵架

1. 小明常常因一点小事吵架，弄得大家都不开心。
2. 前几天我和好朋友吵架了。
3. 兄弟俩感情不睦，经常吵架把家里弄得天翻地覆，让父母伤透脑筋。

焦急

1. 在等待结果出来的时候，他显得十分焦急。
2. 我能看出他对于未来的不确定性感到很焦急。
3. 他的焦急情绪影响了他的工作效率。

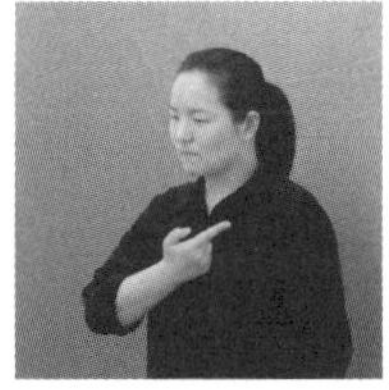

嫉妒

1. 嫉妒只会让人感到更加不快乐。
2. 我并不嫉妒他的财富，但我确实很羡慕他的生活方式。
3. 我承认我嫉妒她的成功，但这并不会让我放弃。

担心

1. 我对未来的经济形势感到十分担心。
2. 他目前主要担心的是他的健康状况。
3. 他的担心是正确的。

关心

1. 我们要关心他人的感受，做一名有同理心的人。
2. 关心国家和民族的繁荣就是关心自己。
3. 他对他的家人非常关心，经常望闻问切。

善良

1. 小王为人善良，时常接济一些穷苦的人。
2. 奶奶心地善良，经常帮助有困难的人。
3. 人间最可贵的是真挚的感情和善良的心灵。

误会

1. 因为一个小误会，小明和小军就断交了。
2. 这场误会使两颗原本亲密无间的心灵产生了距离。
3. 误会只会成为朋友间友谊的阻碍。

固执

1. 他始终固执己见，导致和同事之间的关系变得很紧张。
2. 他的固执让他的家人感到无奈和失望。
3. 他固执地拒绝接受任何与自己观点不符的信息。

8.1.3

练习

一、看手语视频选择相应的词汇

（1）不理睬
（2）冲突
（3）恳求
（4）原谅
（5）安慰

二、观看手语视频，用手语复述并翻译成汉语

三、用如下关键字造手语句

1. 礼貌 沟通
2. 冲突 吵架
3. 关系 原谅

8.1.4 语法要点 手语表达的视角转换：旁观者视角和当事者视角

手语表达有两种视角：一种叫旁观者视角；一种是当事人视角。旁观者视角是站在客观立场上去叙述某人某事；而当事人视角，即说话人站在了自己要描述人、动物或事物的视角，模仿其形状、样子。如果是人或动物，则模仿其动作神态、说话的语气语调。而在手语中，实现这种表达时可能涉及多个非手控方式：如体位的转换、眼神凝视方向、面部表情以及其他神态的模仿。

我们分别从词汇层面和句子层面分析。词汇层面，我们对一个词的表达，可以有两个选择：一是单纯用手来表达，实现手和身体的分离；二是用整个身体，包括手来表达一个词。前者手形是关键，而后者有身体的参与。比如，中国手语的“兔子”这个词有两种打法：一种是用单个手，将大拇指、中指和无名指并拢相捏，伸出食指和小指。这可能来源于对兔头的模仿，只是用手形来表达的词，没有用到说话人的身体。另一种是左右手食中指并拢伸出分别放在头部两侧，相当于说话人身体上或脑袋上长了两只耳朵。这就用上了说话人身体。两种形式的视角是不一样的，前者的视角是旁观者，而后者用身体代入来模仿，是当事人。不仅名词，动词也有同样的现象。比如“爱”这个词，在中国手语中有两种不同的打法：一种打法是辅手 A 手形，主手 B 手形，轻摸辅手拇指背。在中国手语中 A 是一种指代人的类标记，而这个词的理据是一个人轻摸另一个人的头；另一种打法是双手交叉自然抱在胸前。有趣的是，在美国手语中 love 这个词也是同样的手法，只是手形稍微不一样，美国手语是双手握拳交叉，抱在胸前，而中国手语是用自然张开的双手。还有表示“飞行”这一动作的词，我们可以用飞机这个手形词，这是只涉及手形的词，还可以用双手当翅膀，上下拍动双臂来表示“飞”（这个动作还出现在表示“鸟”的词中），后者是有身体参与的。详见图例 8. 1–1：

旁观者视角	当事人视角
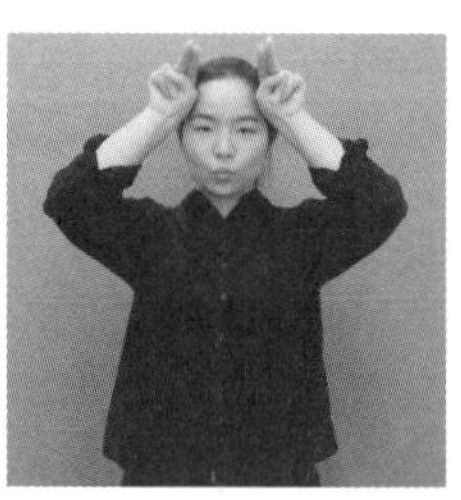 兔 1	 兔 2
 爱 1	 爱 2

飞 1

飞 2

图例 8. 1–1

在句子或篇章层面也存在视角选择的问题。比如我们要讲述以下事件：“一只鸟在空中自由自在地飞行，地上有猎人射箭，射中它的翅膀，惊慌失措，摇摇欲坠。”这里就涉及视角的切换。我们可以先用“飞 2”形容鸟开始飞行的状态。而到地上人射箭，则会切换视角，将单手“飞 1”作为旁观者“猎人”的视角，反而我们要将“猎人”用说话人身体表达，做射箭动作，而表达中箭时则我们又要切换回鸟作为当事人视角。因此打手语时，要注意根据实际情况选择哪类手语词以及哪个视角。一般当事人视角会更具有感染力，更加形象生动，镜头是近景；而旁观者视角，面部表情以及身体和手语词是可分的，镜头是中远景的，表达起来更加高效。

8.1.5 文化小贴士　聋人疑心重？——视听不对称的不同文化体验

“疑心病重”“不合群”“怪异”等是一些听人容易给聋人贴上的人群标签，而这主要是因为听人对聋人的语言文化和独特的生命体验不够了解。在此，随梦君想与大家分享下面这个故事，读完大家或许就能明白其中缘由啦！

曾经有一个聋人朋友告诉随梦君他过去在酒店上班经历的一件事情。有一次，几位听人同事在一起聊天，他发现有的同事手指不经意间会指向自己。他心想，他们是不是在说自己坏话，于是闷闷不乐，好几天都不愿跟听人同事来往。后来，听人同事问他为什么不开心，他就把前几天看到自己被指的事情说了出来。听人同事大喊冤枉，告诉他当时他们真的没说他一句坏话，但聋人朋友坚决不信，认为他们还在骗自己。最终，双方的误会没能解除。

类似的事情屡见不鲜，即使不是在工作场合，在聋听朋友聚会、聋听家人相处等跨文化交际的场面也都十分常见。这种现象值得我们反思——真的是聋人朋友疑心重吗？随梦君可以理解聋人朋友，因为他们耳朵听不见，没有足够的听觉信息输入，主要依靠眼睛去看，以视觉接收的方式获取信息。尽管听人文化有一句俗语——“百闻不如一见”，但聋人时刻经历的这种听觉—视觉信息不对称，难以保证其视听信息的充分获取，因此在交际过程中，交际双方需要换位思考、彼此理解。同时，由于聋人群体长期处于社会边缘，饱受社会偏见，有着深刻的苦痛经历和诸如此类的生命体验，使其在信息不对称时容易担心被欺负、被伤害，其进而做出的一系列行为反应有时难以为听人所理解。

这些都是跨文化交际中的正常现象。大家只需要换位思考，假设自己身处聋人世界，聋人打手语时不时将目光投向自己，你或许也会心生疑虑，猜想他们是不是在说些什么关于自己的事情，可自己却看不懂。将心比心，换位思考，这也是大家与聋人朋友交往时需要注意的一个方面。

学习重点　性格

8.2.1

你 印象　我 性格 样子 什么

在你印象中，我性格是啥样的?

问 突然　怎么

怎么这么突然问我这个问题?

知道 要

我想知道嘛!

我 印象　你 内向　安静　喜欢　但是 你 朋友 亲密 热情

嗯……在我印象中，你比较内向，喜欢安静。但是有时候你又对亲密朋友很热情，

人 熟悉 兴奋　有

熟人面前显得很兴奋。

懂 好

你真懂我!

你 迟钝　一点 有

你有时候还有一点点迟钝哦。

什么

什么嘛!

我

嘿嘿，那我呢?

我 想+　你 外向　乐观 健谈　表情 包 自然 相等 给　大家 开心　但是

我想想，你很外向、乐观、健谈，简直是行走的表情包、大家的开心果！但是……

但是 你 稳重　我们 依靠　可以

但是你很稳重，是我们最信赖的人哦!

8.2.2

词汇 & 句子

印象

1. 这件事我记不太清了，只有个大概的印象。
2. 牧民的直爽和好客，给我们留下了深刻的印象。
3. 这座新兴的城市又干净又漂亮，给游客留下了非常好的印象。

性格

1. 小红是个性格内向的孩子，平时不爱多说话。
2. 这对双胞胎性格差异很大。
3. 小李倔强的性格让人很难接近。

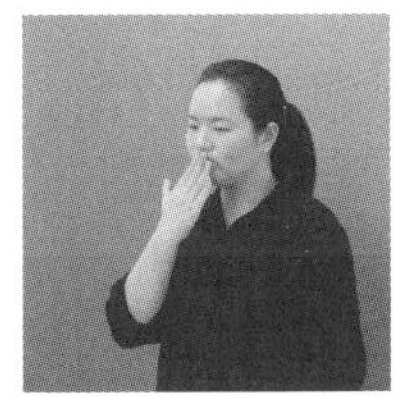

内向

1. 内向的人往往更善于倾听，而不是表达自己的观点。
2. 内向的人更倾向于通过文字来表达自己的情感和想法。
3. 他的内向使他更喜欢独自思考问题，而不是向他人求助。

热情

1. 小王工作热情，服务周到，受到人们的好评。
2. 张老师工作尽心竭力，对待学生满腔热情。
3. 小明以满腔的热情投入了新的工作。

兴奋

1. 明天要开运动会了，小张兴奋得一夜都没睡着觉。
2. 小红兴奋地告诉我，她考上了理想的学校。
3. 小明因兴奋而满面春风。

迟钝

1. 我昨晚没睡好，头昏昏沉沉的，反应迟钝了许多。
2. 这个孩子头部受过伤，大脑有些迟钝。
3. 爷爷年纪大了，所以反应有些迟钝。

外向

1. 外向的特点使她在团队中成为领导者的角色。
2. 外向的性格让他在人前从不怯场。
3. 她的外向使她在新的环境中感到如鱼得水。

乐观

1. 老年人胸怀开朗，豁达乐观，有益于身体健康。
2. 小明总以乐观的态度对待生活。
3. 小王为人乐观慷慨，大家都很喜欢她。

健谈

1. 李老师十分健谈，讲起课来滔滔不绝。
2. 爷爷是个十分健谈而又有趣味的人，走到哪里都是谈笑风生。
3. 我的邻居很健谈，她把所有的消息都告诉了我。

稳重

1. 老李办事稳重，这个任务他一定能够完成。
2. 王叔叔是个性格稳重的人，考虑问题细密周到。
3. 小张办事稳重，举止大方，给我留下深刻的印象。

8.2.3

练习

一、看手语视频选择相应的词汇

（1）坚强
（2）天真
（3）狡猾
（4）深沉
（5）活泼

二、看手语视频判断正误

（1）王叔叔是个性格稳重的人，考虑问题细密周到。（对 / 否）
（2）敌人是狡猾的，所以我们要提高警惕。（对 / 否）
（3）李老师十分健谈，讲起课来滔滔不绝。（对 / 否）
（4）奶奶心地善良，经常帮助有困难的人。（对 / 否）
（5）这些活泼可爱的孩子，整天叽叽喳喳说个不停。（对 / 否）

三、用手语介绍自己的性格

8.2.4 语法要点 手语的创造性使用

手语者在使用手语时，会利用手语的一些特点进行创造性使用。例如图例 8. 2–1 中的三组图，每一幅图的打法是一个美国手语词汇。第一个手语词表示“理解”（“understand”），即拇指食指在额头前从闭合运动到张开，做一个弹食指的动作。第二个手语词，则将弹食指，变成弹小指，虽然实际上手语中没有这个词，但手语者这样打，听话人也能会意，即听话人从象似性上能理解这个创造性打法。因为小指比食指要小，故义为“小小地理解”（“understand–a–little”）。而第三个手语词，其被选手指（即食指）运动方向和第一词正好相反，相反的运动经常是导致词义的相反，于是这个词便是“un–understand”，“去理解”（原来理解的，现在变得不理解）。

美国手语“理解”

美国手语“小小地理解”的创造形式

美国手语“去理解”的创造形式

图例 8. 2–1　手语的创造形式

手语如果用在一些特殊场合，比如手语诗歌中，就会出现对语言的创新形式，以增强手语的表达力和感染力。比如在本书主编之一倪颖杰的翻译作品《我们寻找一盏灯》中，她在打“寻找”这个词时，使用双手代替平常用的单手，并且将运动的轨迹扩大，局部的手指手腕运动，变成大幅度的路径运动，以肩膀为支点，做划圈动作，并加以身体旋转，以表达主人公在四处寻找的艰辛。在表达“让列车静静驰过，带走温和的记忆”时，她创造性地使用了类标记，将“痛苦”从胸口处放到指代列车的类标记上，象征时间的“列车”带走了胸口的“痛”（可参看视频：https://www.bilibili.com/video/BV11G411y76H/?spm_id_from=333.999.0.0&vd_source=437a92d86020912d199a1367f01eefd1）。

当然，这也不限于诗歌，在平时生活中，聋人也会创造性地使用手语来开玩笑，玩手语语言游戏。例如伸大拇指“点赞”，手语者可以先收拢所有五指，将拇指藏起，做欲动中指状，然后再伸出拇指，面露猥琐表情。这个词这么打就不是真正的表达赞扬，而是开玩笑，相当于说反语。

8.2.5 文化小贴士 聋听的跨文化交际：生病了还是没生病？

与其他类型的跨文化交际类似，聋听间也存在由语言文化差异引发的有趣故事。下面我们以一聋（A）一听（B）的手聊为例一起来看一看吧！注意在阅读文字时，适时切换聋听视角，代入双方不同的语言文化背景喔！（详见随梦手语 App）

A：别人扔我毛巾，我真的发飙了！

B：啊？你发烧了，赶紧去医院！

A：我干吗去医院？你是想我生病吗？

B：啊？你生病了？那更要去医院！

A：你成心想看我笑话吗？

B：没有没有，我是关心你呀！

A：我被你气死了……

B：啊！你还哮喘呀！不得了……我必须送你去医院！

A：你……

光看文字，我们好像很难找到笑点在哪里，但是如果换作是打手语就十分有趣了，这就属于一种聋听文化的区别。聋人的笑话听人一直不太明白，听人的笑话聋人也难以领会，但假如你同时掌握了手语和汉语，了解聋听文化，成为双语双文化人，那就无敌啦！这跨语言跨文化的超能力你想要吗？

学习重点　心理健康

8.3.1

我 感觉 最近 情绪 问题 有　我 经常 突然 慌张　床 翻来覆去 睡觉 不行

我感觉我最近情绪有点问题。不知道为什么经常无缘无故觉得慌张，在床上翻来覆去睡不了。

怎么办

怎么办?

不会　这 失去 睡眠　你 活泼 活泼 一样 睡觉 不能　你 最近 困难 有

不会吧，这是失眠啊，你这么外向的人也会失眠……你最近有遇到难题吗?

我 两周 以后 考试 要　考试 不行 红灯 我 害怕

我两周后就要考试了，我怕考不好，挂科。

分数 多少 好 不好 紧张 害怕 是　努力 可以　想 多 不要

你是对结果感到很紧张害怕。尽力就好，不要想太多，

相反 考试 发挥 影响 会

不然会影响你的考试发挥。

我 情绪 控制 好像 不行　我 忍耐 不行

我好像控制不了我的情绪。我忍耐不了。

我 理解 可以　我 建议 医院 心理 医生 快 寻找　恶化 防止

我能体会。我建议你马上去医院看看心理医生，避免这情况恶化。

这 事情 小 不用

这无病呻吟不太好吧?

事情 小 不是　心理 身体 2 健康 重要 一样　严重 挽救 难

不是无病呻吟，心理健康和身体健康都一样重要。严重了就不好挽回。

但是 心理 医生 沟通 困难 我 害怕　他们 理解 不行 害怕

但是我怕和心理医生不好沟通，怕他们不理解我。

听 专业 心理 咨询师 聋人 有　手语 口语 沟通 都 可以　聋 人 重听 人

听说有一位专业的聋人心理咨询师，更难得的是她手语和口语都可以沟通，在聋人和重听人的

心理 咨询 经验 熟悉　帮助 肯定 可以　她 简历 我 发送 你 看+

心理咨询上积累了丰富的经验。她肯定能帮到你。我转发她的个人介绍给你看看。

你 知道 可以

你竟然知道她!

8.3.2

词汇 & 句子

感觉

1. 我们坐在新教室里，感觉既暖和，又舒适。
2. 近来小张感觉学习没有多大长进。
3. 这家旅馆给人一种宾至如归的感觉。

情绪

1. 情绪管理是每个人生活中都必须面对的挑战。
2. 情绪可以推动我们追求目标并积极面对挑战。
3. 情绪低落时，他喜欢独自一人在房间里静心思考。

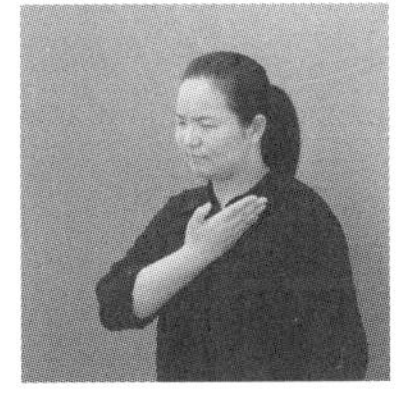

忍耐

1. 只有忍耐得住寂寞的人，才能安下心来学习。
2. 忍耐许久，老李暴躁的脾气终于发作了。
3. 人的忍耐是有限度的。

体会

1. 我们可以从字里行间中体会作者的思想。
2. 在班级里，我深深体会到老师的温暖和同学的情谊。
3. 座谈会上，同学们争着谈自己读书的体会。

建议

1. 医生建议我改变不健康的生活习惯。
2. 我的导师给了我一个很好的建议，让我受益匪浅。
3. 你有什么建议可以帮助我克服这个困难吗？

心理

1. 老师要针对学生的叛逆心理进行教育。
2. 经过这些事后，我的心理产生了微妙的变化。
3. 经历了那么多的打击，小王的心理依然健康。

防止

1. 只有大量植树种草，才能防止水土流失。
2. 情况紧急，校长立即采取了有效措施，防止了意外事故的发生。
3. 遵守交通规则，防止交通事故。

恶化

1. 老人的病情急剧恶化，医院正在全力抢救。
2. 由于人类的大肆捕杀和生态环境的恶化，很多生物处于灭绝的边缘。
3. 母亲病情恶化后，我的心情无比沉痛。

严重

1. 空气污染日益严重，很多人外出都戴上口罩。
2. 这家工厂管理不善，损失浪费十分严重。
3. 在各种自然灾害中，地震给人们造成的灾难最严重。

理解

1. 课文中那些意味深长的语句，要反复阅读，加深理解。
2. 王老师讲课深入浅出，我们很容易理解。
3. 只有理解了词语的含义，才能用词语造句。

8.3.3

练习

一、看手语视频选择相应的词汇

（1）抑郁症
（2）控制
（3）心理咨询
（4）潜意识
（5）人格

二、观看手语视频，用手语复述并翻译成汉语

三、用“建议”造手语句

8.3.4 语法要点 手语有俗语、成语、隐语、禁忌语吗?

有声语言中有大量的俗语，如“宁走十里地，不走一里坡”，汉语中有很多成语，而且基本形成了一定的格式，如四字格成语“望洋兴叹”，当然也有别的格式，如“风牛马不相及”。而隐语，经常是指一个内部团体为了内部沟通同时又不被外人所了解而形成的一些江湖黑话。比如敲诈钱财的“仙人跳”，东北黑话把“土匪”叫作“胡子”，京津一带把“小偷”叫作“佛爷”，长沙一带把“钱”叫作“米”，广东把“警察”叫作“条子”。有些黑话后来也逐渐得到大众认可，进入了常用词范围，比如“号子”（监狱）。禁忌语则是指由于某种原因，不能、不敢或不愿说出某些具有不愉快的联想色彩的词语，一般以其他色彩不那么强烈的词语（委婉语）代替。比如，把亲属或别人死亡说成“逝世”“升天”之类。

那么，手语有上述这些表达吗？我们认为，因为手语语言及其文化发展时间较短（发展时间最长的法国手语也不到三百年），而且很少有记录，手语圈内发生的事情，不可能成为整个民族或国家的文化记忆，因此，手语中没有汉语一样的“成语”。虽然手语也应当有俗语、隐语和禁忌语，但是很少见于文字记录。原因也很简单，比如聋人的隐语，只通行于聋人秘密小团体中，很难被广泛关注到。此外，聋人和主流社会的听人群体生活在同一个文化中，禁忌是相通的。

有这样几个关于因文化差异导致大家对手语词看法有差异的事例。在英国手语中，图例8.3–1这个打法表“残疾人”，他们认为这个手语不可接受；但是在中国手语中，则专指肢残人士，并不认为这个词有冒犯意味。

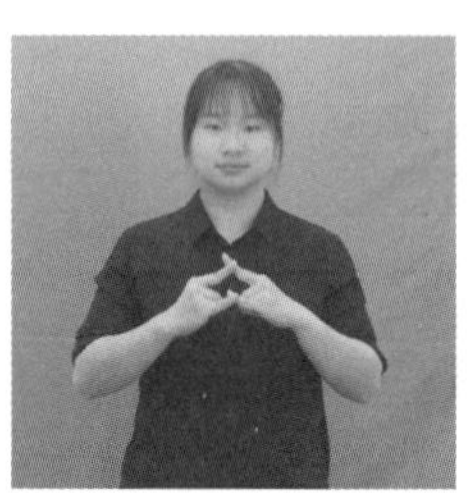
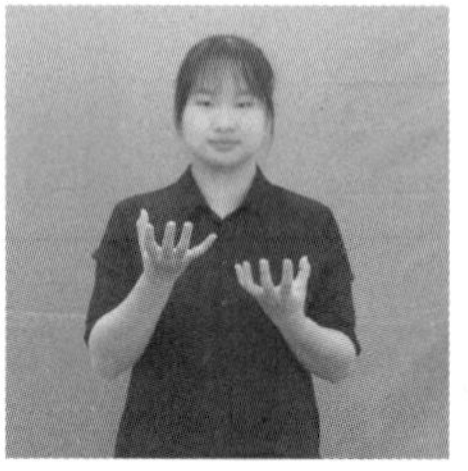

图例 8.3–1

另外，在中国手语文化内部，也存在代际差异。比如“聋人”这个手语词在中国手语中有两种主要打法，一种是伸小指分别指耳朵指嘴巴；另一种是伸食指分别指指耳朵和嘴巴。前一种是老式打法，在老年人社区使用，后面一种则是年轻人经常使用。因为年轻聋人或有些受过教育的聋人，认为小指有表‘坏’的意味，因而采用了食指或食中指相并（详见图例 8.3–2）。可见，我们只有了解了不同文化，才能较好了解这些社会文化中的禁忌词汇。

聋人（老式打法）

聋人 1（多见于年轻人之间）

聋人 2（多见于年轻人之间）

图例 8.3–2 “聋人”的新老打法

8.3.5 文化小贴士 谁是最可怜的人?

在一场朋友聚会上，四人玩起了“谁是最可怜的人”的游戏。他们各自拿出红包放在桌子上，然后依次讲述自己的故事，最后根据故事内容大家一起来决定谁是最可怜的人并获得四个红包。

第一个人说：“我爸爸妈妈生了 10 个孩子，生活很困难，每天只能啃一只馒头，所以说我是最可怜的人。”

第二个人说：“不，我才是。父母生下我和妹妹之后就走了，剩我一人我独自抚养妹妹。我平时省吃俭用，有什么好吃的全都给妹妹吃，自己都不敢吃。”

第三个人说：“就这些？哪里可怜？看我才是真正最可怜的人——你们都有房子呀！我啥都没有！还带着五个小弟妹！都是捡报纸当被子，刮风下雨也只能找大树叶遮盖，三天挨饿一天拾荒。”

第四个人说：“我认为我是最可怜的人。”

其他人问：“你有什么可怜的呀？”

第四个人说：“你们家都是聋人吗？”

其他人：“是呀！”

第四个人：“我家除了我之外全是听人。”

其他人沉默了一会儿说：“是的，你是最可怜的人。你赢了，红包都归你了。”

学习重点 文具、量词、谈论当下

9.1.1

我 圆珠笔 完了　你 缺 哪个　我们 这 一次性 买 好

我的圆珠笔没水了。你缺哪些，我们在这里一次性全部买好。

我 毛笔 坏　我 去 书法 专门 柜台

我的毛笔坏了，我去下文房四宝柜台。

好　铅笔 完了　我 盒子 买 1 要

好，我铅笔也用完了，我要买一盒。

家里 A4 纸 不够　我 叠 + 买 2 要

家里A4纸也不够了，我还要买两叠。

这 重　不如 网络 拍 好　你 家 今天 寄 一瞬间 可以 这 东西 急需 带 方便 买

这太重了，不如网上买，当天能寄到家。还有其他比较重的东西也在网上买，这里就买急需又容易带回家的东西。

你 说 正确　我 App 点 打开 纸 买

你说得有理，我打开购物软件买纸。

削笔器 橡皮 修改液 订书器 各种各样 买 要　好了

我还要买削笔器、橡皮、修改液、订书器等等——好了！

篮子 满 多

哇……一个篮子都快装不下了！

袋子 忘记　塑料袋 买 1　算了　付款 去

呃……我忘了带袋子，只好加购一个塑料袋。走，结账啦！

9.1.2

词汇 & 句子

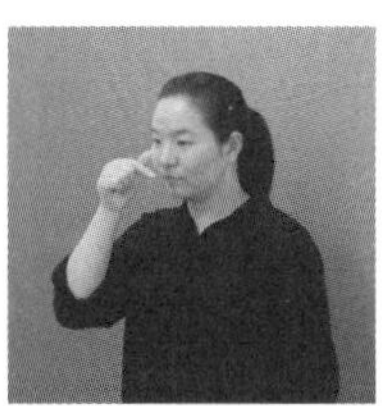

圆珠笔

1. 这款圆珠笔配有时尚精致的笔套。
2. 这个漂亮的笔盒里只有一支圆珠笔。
3. 文具店里各种颜色的圆珠笔都可以试写。

毛笔

1. 小红的毛笔字写得很好，可见平时经常练习。
2. 只有经过苦练，才能写好毛笔字。
3. 爷爷的毛笔字写得苍劲有力。

铅笔

1. 这支铅笔不是小明的，而是我的。
2. 小红的铅笔丢了，我毫不犹豫地把自己的借给她。
3. 铅笔在文具盒里整整齐齐地躺着。

尺

1. 我借助尺，把古代建筑准确地画出来了。
2. 他用尺子量出了桌子的长度。
3. 我把尺借给了她。

削笔器

1. 我的铅笔钝了，我能用一下你的削笔器吗？
2. 削笔器与小刀相比方便、快捷，而且还不脏手。
3. 削笔器的外表精致漂亮，是个可爱的大熊猫造型。

橡皮

1. 你可以用橡皮擦掉铅笔的记号。
2. 我的橡皮掉到地上不见了。
3. 考试前，小张把她心爱的橡皮借给了我。

修改液

1. 我用修改液涂改了错误。
2. 小明写试卷时总是一改再改，整张试卷都涂满了修改液。
3. 正式考试时禁止使用修改液进行删改。

订书机

1. 小明要用订书机的时候，才发现没有订书针。
2. 小张把她的订书机借给了我。
3. 小李用订书机把文件订好。

资料夹

1. 老师要求我们每节课都带资料夹和笔记本。
2. 我的资料夹落在了桌子上。
3. 我翻遍了资料夹，但怎么也找不到那封信。

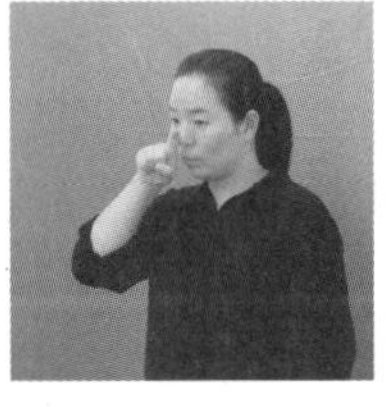

塑料袋

1. 超市提供免费的塑料袋。
2. 人们大量使用塑料袋，造成了严重的环境污染。
3. 我需要一个大的塑料袋来装这些书。

9.1.3

练习

一、看手语视频选择相应的词汇

（1）尺
（2）美工刀
（3）文具
（4）笔筒
（5）夹子

二、观看手语视频，给汉语句子填上相应的词汇

（1）小张把她的（　　）借给了我。（直尺 卷尺 三角尺）
（2）我找不到我的（　　）了。（橡皮 笔记本 日程本）
（3）我有 6 支（　　）。（铅笔 水笔 马克笔）
（4）我的（　　）坏了。（笔记本电脑 订书机 美工刀）
（5）小红用订书机将这些废纸钉在一起，当作（　　）。（草稿纸 草纸 打印纸）

三、用手语谈论你此时此刻在做的事

9.1.4 手语杂说 手语学习之一：聋童应尽早接触手语

世界上，大多数失聪儿童（90%—95%）天生无法使用语言，因为他们健听的父母不会手语，而他们因耳聋阻碍或削弱了使用口语的能力。虽然出生在聋人家庭的聋儿将手语作为他们的第一语言习得，与口语习得遵循相同的时间顺序，即从最初单个词的手语，到双词发音和句法发展。但是，大多数聋儿的父母是听人，有统计表明，95% 左右的聋人出生在听人家庭，也就是说父母为聋人的聋童很少，由于医生和 / 或教育工作者建议健听父母和聋儿只使用口语交流并避免使用手语，一些聋人习得手语较晚，他们成年后在手语能力测试中表现不佳，即使他们已经使用了多年手语。因此，手语习得也是有一个语言习得关键期的。而社会上有个普遍的误解，即聋儿如果打算学习口语，就应当晚学或不学手语，因为学手语会影响儿童学口语。事实上，作为第一语言，儿童习得手语越早越好。许多失聪儿童即使植入了人工耳蜗也面临语言剥夺的高风险，因为这些儿童的口语习得结果不可预测且变化很大。不幸的是，如果聋童在早期未能接受手语教育，就会产生严重的认知、社会和语言障碍。幸运的是，最近的研究发现，健听父母通过尽早学习手语与聋儿交流的可以防止孩子们的习得延迟。所以，婴儿习得手语和口语的潜力相同且模式相似，这两种语言都有习得关键期，尽早接触手语，可以防止聋儿错过语言关键期，帮助聋儿更好更健康成长。

9.1.5 文化小贴士 汉语是聋人的第二语言

聋人生活在以听人为主流人群的社会中，长期存在语言接触的现象。这种语言接触通常是单向的，具体而言即手语更易受到主流语言的影响，而其对主流语言的影响较弱。当谈及聋人的语言能力，听人社群中普遍存在“聋人汉语水平差”“写字颠三倒四”“让人无法理解”等印象，并且往往将之归结于“聋人的学习能力差”“手语影响了聋人的汉语水平”等因素。

其实，聋教育的起步和发展非常晚。直到20世纪90年代，中国聋人才开始普遍接受聋校教育，教育程度要晚于听人5至8年。早期聋教育的科目也极其有限，以语文和数学为主，英语、物理、化学等学科都没有设立，直接导致聋人缺乏广泛的知识基础。此外，教师的教学语言也是影响教育质量的关键因素。听人老师手语能力不足、跨文化教学意识不强，无法让聋生真正理解教学内容。因此，我们一直呼吁聋教育应将手语作为主要教学手段。由于聋人的汉语学习本质上属于第二语言习得的范畴，因此，教师在手语熟练的基础上，必须同时熟悉聋人文化，为聋生营造良好的跨语言、跨文化学习环境，使聋教育中的双语教育（这里的“双语”，我们强调的是手语和书面语，口语教育则建议应视学生的个体能力而定）真正行之有效。

学习重点 教育、谈论人生经历

9.2.1

我 教材 成长 刚才 整理 全部 好了 呼了一口气

刚才总算整理好了我从小到大读过的教材。

书 多　你 存放 至今　仍然

这么多书呀！你存到今天呀！

是　这　语文 数学 英语 各种各样　大学 教材 厚+++　主要 雕塑

是呀，你看，有语文，有数学，有英语等等。大学的教材就又厚又多了，主要是雕塑、

平面 设计 室内 设计 各种各样　当时 我 阅读 背诵　辛苦

平面设计、室内设计等，当初又是阅读又是背诵，好辛苦啊！

你 小时候 读书 拼命 努力

看来你小时候很用功哦。

以前++ 我 年龄 3　幼儿园 进去　生活 无忧无虑　生活 玩耍 放学

很久以前，我3岁进了幼儿园，整天无忧无虑的，追逐嬉闹一整天。

以前 我 年龄 6 小学 进去　脸 萌萌哒　可爱　老师 全部 喜欢　我

我6岁进小学，又萌又可爱，老师都喜欢我。

大队长 一直 仍然　骄傲

我还一直是少先队大队长哦，别提有多神气啦！

以前 我 年龄 12　初中 读书　变化 叛逆　父母 说 什么　我 一只耳朵进

我12岁上初中，开始叛逆，父母说的话，我一只耳朵进

另一只耳朵出去

另一只耳朵出。

以前 我 年龄 15　高中 读书 我 读书 努力 通宵 目标 大学 考试 成功

我15岁进高中，我努力读书，挑灯夜战，为了考上大学。

我 年龄 18 大学 读书　社团 活动 参加 积极　实习 到处　经验　积累

我18岁上大学，努力读书，积极参加社团活动，到处实习积累工作经验，

简历 列表　丰富

充实我的简历。

我 年龄 22 本科 毕业　公司 进入 工作++ 10年 变化 自由 职业

我22岁本科毕业，进公司工作十年后就转为自由职业，

手语 老师 工作 教++ 至今

当上了手语老师直到今天。

你 人生 过程 丰富

你的人生经历真是充实啊。

9.2.2

词汇 & 句子

教材

1. 这本书的内容浅显易懂，非常适合做孩子的启蒙教材。
2. 学习的最好方法是对所学的教材有兴趣。
3. 为了培养学生们的自学能力，老师编写了一本补充教材。

语文

1. 语文教学要侧重培养学生的读写能力。
2. 语文老师经常给学生们纠正错别字。
3. 语文教学不能偏重知识而忽视能力。

英语

1. 小明能说一口流利的英语。
2. 小李在这次英语考试中取得了第一名的成绩。
3. 学习英语要循序渐进，逐步提高，不能急于求成。

美术

1. 美术老师几笔就勾画出一个人体的轮廓。
2. 这个美术协会汇集了许多绘画高手。
3. 美术小组的同学今天午后练习画蜻蜓。

阅读

1. 小明的阅读面很广。
2. 这本杂志很适合小学生阅读。
3. 小张正在阅读一本园艺手册。

背诵

1. 三岁的表妹能背诵十几首唐诗。
2. 妈妈每天晚上都要检查我的课文背诵。
3. 为学生们每天背诵几首古诗。

幼儿园

1. 我的弟弟现在上幼儿园了。
2. 幼儿园的孩子们正在玩躲猫猫。
3. 幼儿园的老师非常和蔼可亲。

大队长

1. 小红当了三年的少先队大队长。
2. 大队长负责主持学校的日常工作。
3. 大队长负责把中队长的建议转达给学校领导。

叛逆

1. 青少年时期的叛逆是正常的。
2. 他的叛逆行为引起了家人的不满。
3. 叛逆期的小孩总是不喜欢听从大人的话。

努力

1. 他凭借自己的努力，获得了丰富的知识。
2. 我们需要努力工作以达到公司的业务目标。
3. 社会的发展离不开每个人的努力。

9.2.3

练习

一、看手语视频选择相应的词汇

（1）历史
（2）室内设计
（3）化学
（4）生物
（5）红领巾
（6）社团

二、观看手语视频，按照视频中的时间线，用汉语回顾这人的经历

三、请按如下时间线，用手语倒叙你最难忘的经历

刚才 昨天 去年 几年前 很久以前

9.2.4 手语杂说　手语学习之二：听人学习手语当作第二外语

在许多文化底蕴深厚以及社会文明程度较高的国家里，出现了大量听人学习手语的现象。因为听人学习手语热情持续高涨，听人“二外”人数不断增加，而聋人的数量却不断在下降。以至于有专家公开讨论：手语到底属于谁？

以英国为例，自 2015 年始，苏格兰地区已经开始将英国手语课程列入苏格兰中小学课程体系中。而英国其他地区也正准备将英国手语全面列入中小学国家课程大纲，中小学生可将其当成外语学习，并当作高中会考的一门外语成绩。而相关基金可以支持普通中学在校生选修。英国手语语言培训课程遍及英国各地，包括社区大学、地方手语中心及私营机构。大多数手语培训师都是以手语为母语者，持相关教师资格证上岗。大量的英国手语教材、音像制品、手语教学网站等在市场上流通，全面覆盖各种手语人群，甚至包括针对儿童的幼儿手语。

在美国，许多州立法将美国手语作为中小学外语选修语言，即手语作为外语开始出现在中学（K–12）以及大学课程中。在中学层面，许多州提供美国手语课程供学生选修，手语成绩可作为外语成绩被很多大学认可。此外，在小学层面，也有学校设置了一些简单的儿童美国手语课程，还有相应的博士论文研究小学层次的美国手语课程大纲设置。美国手语在美国大学的发展情况十分惊人的。根据相关研究，美国有 160 所大专院校接受美国手语作为外语考核语言，其中包括如斯坦福大学、芝加哥大学、耶鲁大学等顶尖大学，这些大学广泛开设美国手语课作为全体学生辅修的外语课程。据相关统计，在 20 世纪 80 年代的某 5 年时间段里，注册学习手语的大专院校学生人数增长了 181%，且保持持续增长趋势。2013 年，美国大学生注册学习美国手语的人数超过 10 万。根据美国语言协会统计，美国手语成为美国大学本科段选修的第三大外语（排名仅在西班牙语和法语之后）。这种针对听人的手语教育带动了美国手语教学研究的发展，扩大了主流听人人群对手语的正确认识，提高了美国手语的影响力，并为手语翻译提供了源源不断的人才，使美国手语教育市场化，形成了良性循环。

而在我国，学生们鲜有能接触手语的机会，只有在北京、上海等大城市才有零星的手语培训课程。手语出现在大学生课堂也是近几年的事情，据了解，以上海为例，目前仅有三所大学长期开设手语相关的本科课程。因此，在我国还需提高大众对手语的认识水平并向社会推广手语、科普手语文化。

9.2.5 文化小贴士 “手语歌”，聋人看得懂吗?

相信很多听人是从“手语歌”开始对手语产生兴趣的，继而愿意花时间去学手语的。这种通过“手语歌”接触手语的途径虽好，但有不少听人在学习了一定程度的手语后便开始创作或翻译各种各样的“手语歌”，并认为这是聋人欣赏音乐的有效方式，聋人朋友看了一定会很开心。事实真是如此吗?

其实，绝大多数聋人基本看不懂这类“手语歌”，认为这只是单纯的手势动作，并不明白究竟想表达什么意思。而作为表演者的听人有时也会疑惑：“这不是手语歌吗?聋人朋友为什么说看不懂?”在此，让随梦君小小科普一下。

歌曲主要是一种基于听觉的艺术表现形式。那什么是“手语歌”呢?这是个非常容易混淆的概念，需要厘清。如果在由旋律、歌词、演唱等元素构成的传统意义上的歌曲的基础上创作“手语歌”，这种本质上属于手语版歌曲，即把歌曲译入手语，而非一开始便用手语原创的手语歌。同时需要注意，这种手语版歌曲通常只注重翻译歌词，缺乏对旋律等其他音乐元素的关注，所以在内容构成方面并不完整。并且由于表演者手语能力不足、翻译经验有限、对聋人文化不熟悉等，即使仅翻译歌词，也很难称得上是较好的译作。总体而言，这类手语版歌曲颇有“半成品”的意味，通常供创作者和试听者娱乐消遣为主。而真正意义上的手语歌，应当是一种基于视觉的艺术表现形式，主要由聋人社区内部自发创作形成，强调视觉画面而非听觉特征。

此外，大家还需要注意一点，无论是手语版歌曲还是手语歌都不是手语本身。受旋律和美感表现等因素限制，手语版歌曲里使用的所谓“手语”其实很多只是单纯的手势，因此随梦君不建议大家将其作为手语标准和学习资源哦。而对于基于视觉的手语歌，其中当然或多或少存在一些手语元素，但通常是手语经拆解重组变化后的艺术化表达，而非日常交流中使用的手语，因此大家在学习手语的过程中一定要分清呀!

学习重点　文化生活、谈论未来规划

9.3.1

你 未来 计划 有 没有

你对未来有没有计划？

有　第一 我 硕士 读书 要　然后 外国 博士 留学

有呀！首先，我想要读个硕士学位，然后出国留学读个博士！

你 梦想 厉害　你 做 准时 可以

哇，你的梦想很大！能做到吗？

可以　我 信息 知道　聋人 一些 硕士 证明 拿 成功　还有

当然可以呀！据我所知，已经有一些聋人拿到了硕士学位，甚至还有

一些 博士 证明 拿 成功

几位聋人拿到了博士学位呢！

厉害　你 考试 成功 以后 指 学校 生活 方法 什么

好厉害！那考上后你会如何度过校园生活？

第一 学校 食堂 里面 吃 各种各样 吃++ 光盘

首先，我要吃遍学校食堂！

听 有 大学 食物 里面 吃 好吃++

听说有的大学的食堂超级好吃呢！

吃++ 记得 其他

还记得吃呀！其他呢？

然后 课程 看 喜欢 我 全部 学习 要 论文 写 发表++

其次，我要听完所有我感兴趣的课程，发表几篇论文，

脑子 知识 进入++ 开阔

享受知识开阔眼界的乐趣！

个人 时间

私人时间呢？

然后 外国 读书 这 时间 开阔眼界 要　博物馆 美术馆

其次，我要趁出国学习的时候，看遍当地的博物馆美术馆，

戏剧 表演 手语 翻译 有 到处 要

看遍有手语翻译的戏剧表演！

厉害

太厉害了！

然后 世界 聋人 朋友 交流 我 全部 要 世界 手语

然后，我要和世界各地的聋人做朋友，

各种各样 看++ 研究++

看遍、研究遍全世界的手语！

真 疯狂

真的是疯狂！

最后 毕业 回国 变 世界 厉害 手语 专家 我 要

最后毕业回来的时候，我要成为世界上最厉害的手语专家！

你 梦想 各种各样 这里 开始 主要 第一 什么 认真 复习++

千里之行始于足下，你要做的第一件事是，好好复习，

全国 硕士 统一 考试 努力 成功

争取通过全国研究生统考……

9.3.2

词汇 & 句子

未来

1. 我们对未来的生活充满了期待。
2. 未来的世界充满了无限可能。
3. 未来几年，这个城市将会发生许多变化。

硕士

1. 这个硕士课程非常严谨，学生需要具备扎实的专业知识。
2. 这所大学对硕士研究生的研究项目给予了很大的支持。
3. 我朋友去年考上了经济学硕士，现在正在努力学习。

学位

1. 在大学里，你必须通过考试才能获得学位。
2. 获得学位是一个长期而艰苦的过程。
3. 学位并不能完全代表一个人的能力。

论文

1. 论文的格式需要符合学术规范。
2. 他正在写一篇关于气候变化的论文。
3. 这篇论文的内容非常专业，我需要深入研究。

研究

1. 调查研究要深入细致，一丝不苟。
2. 你没有调查研究，怎么能轻易地下结论呢?
3. 在科学研究方面，中外科学家可以互相交流，取长补短。

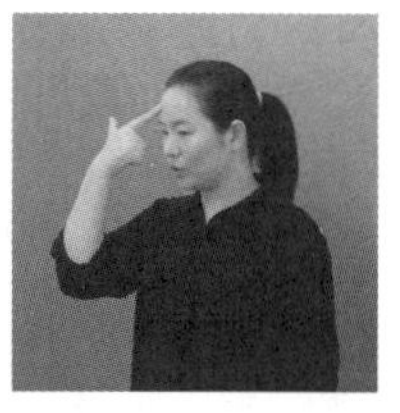

知识

1. 网络上的资源可以帮助我们获取各种知识。
2. 她的专业知识使她在团队中脱颖而出。
3. 这项手艺不需要精深的理论知识。

专家

1. 专家的现场指导对于项目的成功非常重要。
2. 专家建议每天都要坚持适量的运动。
3. 这位专家在学术界颇有声望。

复习

1. 要考试了，同学们正抓紧时间复习。
2. 姐姐废寝忘食地复习功课，终于以优异的成绩考上了重点大学。
3. 晚上，同学们在明亮的灯光下复习功课。

考试

1. 我明天有一场考试。
2. 这次考试的结果将在下周公布。
3. 他总是在考试前熬夜复习。

成功

1. 失败了不要垂头丧气，成功了也不能洋洋得意。
2. 我们不要放弃每一个成功的机会。
3. 为了确保卫星发射圆满成功，科学家们制定了严密的计划。

9.3.3

练习

一、看手语视频选择相应的词汇

（1）博士
（2）学术
（3）发表
（4）导师
（5）组会

二、观看手语视频，按照视频中的时间线，用汉语复述这个手语者的计划

三、请按如下时间线，用手语讲讲你的人生计划

即将 明天 下周 明年 五年后 未来

9.3.4 手语杂说 手语的家族谱系

语言学受生物学影响很大，比如在生物学上，我们努力将物种的演化分门别类，门纲目科属种，通过现代的物种，回溯这些物种共同的祖先，比如我们和类人猿（例如黑猩猩以及小猩猩）在八百万年前是一家。我们跟它们的共性是都没有尾巴。而要进一步去找寻和当今有尾巴的猴子们的共同祖先，则要上溯到两三千万年前。在 19 世纪时，语言学家认为语言间也会有亲属关系，这不难理解，在时空上离得越近的族群，很可能操相近的语言。根据 Campbell 的研究，世界上一共有 406 个语族，其中最大的几个语族有：印欧语族（印度及欧洲语族）、汉藏语族（汉语和藏语为代表）、澳太语族（澳大利亚—太平洋语族）等。延续至今的语言以及历史上出现过的语言都可以从其中找到它的位置。以印欧语族为例，原始印欧语就是现在流行在欧洲和印度许多语言的最早的祖先。现代英语是由古盎格鲁 - 弗里逊语（Anglo-Frisian）慢慢演变成古英语的，再到中古英语（乔叟时期的英语），最后到近代英语（从莎士比亚时代开始）。而古盎格鲁 - 弗里逊语可上溯到西日耳曼语，再上溯到日耳曼语（四千年前），最后到大祖宗原始印欧语（六千年前）。现代汉语（包括当今的几大方言，吴语、粤语等）以及现代藏语也可追溯到共同的祖先，数千年前我们的先民们从遥远的他处迁到现代的黄河流域（当然，那时不会称为“汉”，“汉”要到汉朝时候才出现）。

手语也有相近的现象。因为手语谱系构建的年代远没有口语那么久远，历史上曾出现过的自生自灭的手语应当有很多，但因为没有记录，所以未能流传至今或为人所知。而直到十五六世纪，聋教育在欧洲的零星出现后，才有了关于手语的初步记录。18 世纪法国开设了最早的公立聋校，此时才有了稍微系统可靠的记录。目前全世界已发现 180~300 种手语（手语的分类有较大弹性），相比于口语的 7100 多种，算是比较少的。主要几个语族是：英国手语语系、法国手语语系、瑞典手语语系、美国手语语系、阿拉伯手语语系、中国手语语系、日本手语语系等。而现代法语和现代美国手语的共同祖先是近代法国手语。我们发现了一个比较有趣的现象，尽管有些国家口语是一样的，但分不同语系，比如英国手语和美国手语。因为是在 19 世纪，美国的第一所聋校建立之初，邀请了一位法国聋人来任教，因此美国手语深受法国手语影响。同理，我们发现欧洲大陆的大部分手语都是法国手语的“孩子”，原因也在于 18 世纪以来，当时许多欧洲国家纷纷仿效法国手语教育（或从法国引进聋教育人才）。法国建立自己的聋校，并经常与他国交流，法国手语因此对这些国家手语影响至深。而 20 世纪 50 年代以来，因美国文化的影响以及美国聋人到不发达国家帮助建立聋校的缘故，美国手语随之影响了一大批国家的手语。当然，本地的土手语（或家庭手势）等也是国家（聋校）手语的一个主要来源。比如马尔他葡萄园（Martha’ vineyard，在美国东海岸一个小岛上）土手语，也是现代美国手语的来源之一。

中国手语是独立发展起来的，并随之诞生了香港手语、新加坡手语两个“宝宝”，并对台湾手语也有一定的影响（因为 1949 年有大陆聋人到台湾聋校去工作）。而在中国手语内部，也有方言的差异，主要是南北方言的不同。北方手语方言以北京、长春等地为代表，受汉语口语语音影响较大，而南方手语方言以上海、南京、杭州三地为代表，手语词汇形象化程度较高。究其原因，在一百年前中国聋教育兴起时，北方聋校较容易贯彻口语教学法（当时世界最流行的是口语教学法，第一所聋校倡导的也是口语教学法），并且多为听人主导。而南方聋校因为当时南方各地民众主要使用地方方言，如上海使用吴语，无法照搬口语教学法，同时，也因为南方聋人较为积极地参与甚至领导当地聋教育，自然手语词才能得到较充分的发展。

学习重点　社交媒体、新词创造

10.1.1

我 发现 这里 有 聋人 老师 手语 教　他 手语 什么 我 看 不懂

哇，我看到一个聋人老师在这里教手语耶！咦？他打的是什么手语啊，我怎么看不懂？

给 看　原来如此　网络 手语 新　是

让我看看，哦，是最新的网络语言。

好奇 问 社会 媒体 指 网络 流行 语言 新奇++ 手语 一样 有 是

我很好奇，社会媒体上层出不穷的网络流行语是不是也有手语版本呢？

一些 手语 可以　一些 只好 逐字+ 手语 但是 自己 原创 手语 有

有的会被翻译成新的手语词汇，有的则只是手势汉语的转译（按照字面来打）。但也有原创的手语新词，

汉语 翻译 困难

汉语很难找到完全对应的翻译哦！

比如

比如？

（手势）你 看 意思 什么

这个，你能说出是什么意思吗？

我 意思 懂　说话 不行　翻译 词汇　难

只可意会不可言传……好难翻译耶！

我 翻译 不行 一样 你 意思 看 懂　可以

嘿嘿，我也翻译不了，你体会到了意思就行啦！

有趣

好有趣。

2 游戏　手语 看 猜 成语 锻炼 你

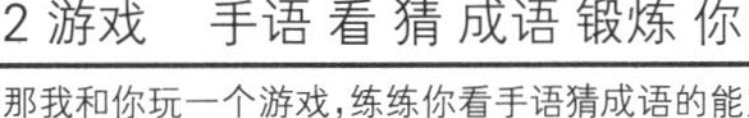

那我和你玩一个游戏，练练你看手语猜成语的能力。

来

过来吧！

开心　开心 不

一会儿开心，一会儿不开心。

这 一会儿 开心 一会儿 开心 不 时喜时悲

这，一会儿开心，一会儿不开心……时喜时悲！

对 再++ 脸 严肃 双手在身边对称着画出|线

棒！再来一次。这样。

框架 像 不 你 表情 严肃 难++ 提示 可以

框架……不像，你的表情好严肃。好难，能给个提示吗？

好 提示 成语 这 1 本

好吧，我给你汉语四字成语中一个字吧。本。

本 我 懂 一 本 正 经 原来如此 成语 手语 可以

本……我懂了！一本正经。哇，原来手语也能表达成语呢！

这 汉语 手语 魅力 各自 趋势 跟踪 一样

瞧，汉语和手语各有各的魅力，也一样紧跟时代趋势哦！

10.1.2

词汇 & 句子

网络

1. 计算机网络将我们的生活联系得越来越紧密。
2. 小美注册了很多社交网站（网络）账号。
3. 该网站（网络）的成员需一次性支付入会费 500 元。

社会

1. 我们应该关心社会，为社会做出贡献。
2. 商业将整个人类社会联系起来。
3. 每个人都应该为社会进步贡献自己的力量。

媒体

1. 媒体对于社会的影响越来越大。
2. 新媒体的出现改变了传统媒体的运作方式。
3. 媒体对社会的舆论导向作用不容忽视。

流行

1. 医生说小明得了流行性感冒，要好好休息。
2. 这套装束 30 年前就流行过。
3. 现在流行的东西，几年后就过时了。

只可意会，不可言传

1. 她给了我一个只可意会不可言传的眼神。
2. 哲学只可意会不可言传。
3. 那场音乐会带给他的感受是只可意会不可言传。

成语

1. 这个成语的来源可以追溯到古代的寓言故事。
2. 我们在写作中可以适当使用成语，使文章更加生动。
3. 对于成语的含义，我们必须深入理解而不是望文生义。

时喜时悲

1. 小红的情绪很不稳定，常常时喜时悲。
2. 小明感觉自己的情绪总是不受控制，像坐过山车一样时喜时悲。
3. 生活时起时落，时喜时悲。

一本正经

1. 李老师上课一本正经。
2. 小张做什么事情都一本正经，从不马虎草率。
3. 看着小明一本正经的样子，我忍不住笑了。

魅力

1. 这是一位很有魅力的老爷爷。
2. 手语语言学的魅力令我深陷其中。
3. 他浑身散发出无可言说的人格魅力。

趋势

1. 我们要看清楚经济趋势。
2. 越来越多的聋人接受高等教育，是教育发展的必然趋势。
3. 看这场比赛的走势（趋势），我们怕是要输了。

10.1.3

练习

一、看手语视频选择相应的词汇

（1）小王的情绪十分多变，令人（　　）。（难以捉摸 显而易见 郁郁寡欢）
（2）我的同桌小王是一个（　　）的人。（活泼开朗 一本正经 大公无私）
（3）小刚是个（　　）的人。（胆小怕事 不拘小节 逆来顺受）
（4）由于小明（　　），受到大家的指责。（损人利己 不善言辞 敢作敢当）
（5）面对残酷的现实，他选择了（　　）。（自强不息 逆来顺受 放浪形骸）

二、观看手语视频，翻译成汉语

三、将下列句子翻译成手语

（1）听到这个坏消息后，他万念俱灰。
（2）我中了奖，心花怒放。
（3）我坐立不安地等着女朋友的到来。
（4）童年时光真是无忧无虑啊。
（5）得知他骗了我的妻子五十万，我勃然大怒。

10.1.4 手语杂说 手语的旧词和新词：浅谈造词策略

随着社会和时代的发展，我们的语言需要满足大家对许多新现象的表达，因此手语词汇会呈不断扩展的状态。而一些旧的词汇也会渐渐被遗忘，只留存在词典中，当然有时这些词汇也会偶尔复活。另外，有一些词还在用，但意思发生了变化。其实，手语中也是如此。

手语历史上有一些词，曾经非常流行，现在已经基本过时不用了。例如：“电报”“苏联”“帝国主义”等。因为，我们现在很少看到人打“电报”（除开在电影电视中），而“苏联”也不复存在。在中国手语中，还曾经流行过一个专门的手语——“卖画”。因为以前聋人生活出路有限，不少人在社会上以卖画为生，故有专门手语称呼。详见图例 10. 1–1：

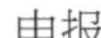
电报 苏联 帝国主义 卖画

图例 10. 1–1

随着社会生活的发展，旧词淘汰，大量新词不断涌现，有些新词在涌现后不久也被淘汰了，有些比较有生命力的则留了下来。因为手语新词的产生受社会文化影响比较大，而反映社会文化影响的汉语文字，则是其主要载体，我们可以先以汉语为例，比较其异同。当代的汉语词日新月异，国家语言文字工作委员会等相关权威机构每年会公布当年的热词。其来源有这样几点。1）热点新闻或时事词。比如：冲浪、G20 峰会、俄乌战争、核泄漏等。2）专业词汇的外溢。因为当今社会受科技、医学、金融的影响越来越大，不少行业的专业词汇成为普通大众的熟知的词汇。医学类的如“胆固醇、阿司匹林、核酸”；经济类的，如“基金、数字货币、支付宝”；科技类的如“人工智能、纳米、元宇宙”等。3）旧词新用，比如“同志”“老板”“小姐”等。4）外来语，因为信息发达，交通便利，全球流动迅速。语言接触更为频繁，借词（borrowing）也经常成为汉语词汇的一大来源。以汉语对英语的借词方式为例，主要有三类：一是借音，如激光（又称“镭射”，laser）；二是仿译，即根据原词的意思和结构进行翻译，如 Internet 有“因特耐特”（纯音译）、“因特网”（音义结合）或“互联网”（意义为主）三种方式；三是直接借用，如 NBA、KFC、ChatGpt 等。

口语中对借词的分析方法也基本适用于手语，同时手语的借词现象也表现出一些特殊性。手语外部借词的方式，要么“意译”，用手语本身词汇进一步创造，比如“凡尔赛”，要么是“音译”或“形译”，主要是指拼法（fingerspelling）。指拼即通过用手指模仿字母形状，拼出口语的文字字形，以表达词义，如果单词拼写过长则采取缩略的形式，拼写首字母等。而借形，如左右食指相搭模仿出汉字的“人”。传统上许多笔画简单的姓名的打法经常采用从汉字借形的方式：比如“丁”，是横辅手食指，主手在其上划竖。“田”则是左右手分别伸出中指、无名指和小指，相叠摆成相应的汉字“田”。

总体而言，手语的新词以名词为主，动词较少见。而新词进入到手语中使用一段时间后，都会发生一些变化，更为省略、更接近手语本身的特点，如“电脑”。汉语的新词很少引入结合能力强的词缀，除少数几个，如“门”（水门，艳照门）、“霸”（面霸、学霸）。手语因为发展历史短，相关新增词缀更少，“员”勉强算一个，即大拇指和食指形成小 C 手形，放于左胸部，有“学员”“救生员”等。

刚进入手语词汇的“电脑”

现行的“电脑”

图例 10. 1–2　新词的创造与变化

10.1.5 文化小贴士　手语老师

手语是聋人的母语。聋人是大家学习手语的最佳老师。可是有人会说，我找了一位聋人朋友教我手语，却得不到别人的认可，这是为什么？在此，随梦君有一个温馨提示：会手语不等于会教手语，更不等于是手语老师。

大家都知道，教师需要经过专业培训才能上岗，语言教师同样如此。而目前我国手语教学乱象丛生，这与很多人不认可手语的独立自然语言地位有关，更与人们对聋人深刻的刻板偏见有关。广大学员作为“手语小白”，很容易迷失在复杂的信息漩涡之中，往往会被错误信息误导，而一些错误的语言文化人群观念一旦形成，可能需要花很长的时间才能改正。

手语与其他语言是平等的，手语学习也和其他语言学习有着相似的途径。学手语需要寻找专业的手语老师，而且建议最好找聋人老师授课。同时，学习一门语言更是学习一个人群的文化。大家不仅要充分学习和理解在课堂上所学到的东西，还要走近并走进聋人社群，与聋人多多接触，才能真切感受聋人文化，将手语活学活用。

学习重点　科技与人文、持续性的表述

10.2.1

我 脸 好像 什么 起泡 帮 看
我脸上是不是长东西了，快帮我看看。

你 脸 没有 怎么
你脸上没啥东西啊，怎么了？

奇怪 刚才 翻译 感觉 聋人 看 不对 聋人 手机 看 不搭理
奇怪啊，我刚才给他们翻译的时候，发现聋人的反应不对，他们一直低头看手机，不看我。

一会儿 突然 抬头 看 久 我 心慌 来 问 我 脸 什么 有 没有 或者
过了一会儿突然都抬起头盯着我的脸，看得我内心很慌啊，所以来问问你我脸上是不是有东西，

我 什么 不对 得罪
还是我做了什么奇怪的事得罪了他们！

知道 你 脸 什么 奇怪 没有 聋人 是 手机 看 语音 翻译 看 你
我懂了，你脸上没长东西。聋人原来在看语音识别软件，后来发现你的

手语 翻译 好 决定 一直 看
手语翻译很好，就都看你啦！

语音 翻译 文字 准确 是
看语音翻译的文字不是更准吗？

不一定 手语 文字 比较 这 信息 多 手语 包含 有 有 聋人 手语
不一定，和文字相比，手语承载了更多的信息。有的聋人更倾向于通过手语

翻译 表情 信息 知道 多 倾向 喜欢 有 人文 科技 比 重要
翻译的表情了解更多的东西。有时候，人文比科技更重要。

原来 我 手语 进步 大 聋人 喜欢 看 手语 开心
这么说来，我的手语进步很大啦，聋人都喜欢看我打手语啦！

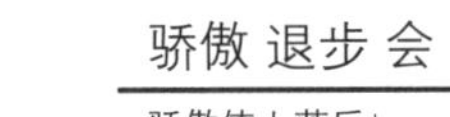
骄傲 退步 会

骄傲使人落后！

好 还是 培养 好 我 努力++ 一直 会 以后 我 手语 聋人 看一直
哈哈，还是你培养得好，我会继续努力，下次让聋人盯着我目不转睛！

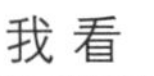
我 看

拭目以待！

10.2.2

词汇 & 句子

观察

1. 老师教我们怎样观察人物的外貌。
2. 观察事物要由表及里，由感性认识上升到理性认识。
3. 要描绘一处景物，首先必须仔细观察。

发现

1. 孩子们在沙滩上发现了一个漂流瓶。
2. 我发现每天早上跑步对健康很有益。
3. 我在图书馆里发现了一本很不错的书。

反应

1. 小李是个反应灵敏的人。
2. 我吃了这种新药没有产生不良反应。
3. 这件事在群众中引起了强烈的反响（反应）。

得罪

1. 为多数人谋利益，就有可能得罪少数人。
2. 为了不得罪领导，小李没敢明确说出企业存在的问题。
3. 王经理宽宏大量，即使你得罪过他，他也不会计较。

语音

1. 这个语音识别软件非常准确。
2. 在黑暗中，语音命令比视觉指令更可靠。
3. 我喜欢使用语音输入，因为它可以节省我很多时间。

识别

1. 警察一眼就能识别出人群中的小偷。
2. 考古专家正在仔细识别文物的真伪。
3. 得了色盲症就无法识别各种不同的颜色了。

软件

1. 这个软件界面简洁，使用起来很方便。
2. 我需要一个可以帮助我编辑图片的软件。
3. 新买的电脑需要安装很多软件。

准确

1. 我的手机的计时器非常准确。
2. 他的记忆非常准确，从不出错。
3. 科学家准确地计算出了地球的重量。

科技

1. 科技改变了我们获取信息的方式。
2. 科技不仅改变了我们的日常生活，也推动了经济发展。
3. 科技的创新使我们的生活质量不断提高。

人文

1. 人文课程的目的是培养学生的综合素质。
2. 人文领域涵盖了广泛的主题和领域。
3. 人文精神是大学教育的核心。

10.2.3

练习

一、看手语视频选择相应的词汇

（1）文明
（2）无障碍
（3）培养
（4）推动
（5）语言立法

二、观看视频，翻译成汉语

三、将下列句子翻译成手语

（1）小李第一次参加这样的晚会，兴奋得一直在会场跑来跑去。
（2）小王陷入在童年时代的回忆中。
（3）练习书法，要先仔仔细细地观察字帖，然后落笔。
（4）中国文明持续了五千年，在世界上独树一帜。
（5）聋人群体一直努力推动着信息无障碍事业的发展。

10.2.4 手语杂说 手语政策及立法

近代手语一直和聋教育息息相关。因为聋校的创办，聋人们才得以聚集在一起长期生活。而聋人之间需要交流，就会自然而然地产生手语。由于聋校的创办经常是由听人主导，世界上大多数地区在很长一段时间里，聋校的校长或领导大部分是听人，因此聋教育政策经常受到主流听人社会的影响。1880 年，世界聋教育大会第一次确定以口语教学为中心，排斥在聋教育中使用手语的方案。这一决策对世界范围内手语发展产生了不利影响。许多聋人在学校里被禁止使用手语，一旦被发现会受到各种惩罚，这种现象直到二十世纪五六十年代才有所改观。因为人们发现单纯的口语教学，对聋人的教学效果并不好。自六十年代开始，随着手语研究的兴起，人们发现手语和口语其实是平等的语言。聋人教育界开始改变教育政策，允许手语进入课堂，并将其作为聋人母语来看待。然而，时至今日，世界不少地方的聋人教育界还是由听人主导，口语教学主义仍十分盛行。主要是因为随着人工耳蜗技术的发展，越来越多的聋人通过植入耳蜗，获得了听力，口语成为他们（对于聋童来说，主要是由其健听家长决定）的首选。

另一方面，在学术界研究推动下，社会主流观念得以进化，逐渐承认了手语的合法地位。根据 2007 年确立的《残疾人权利公约》，所有国家都有义务促进对其国家手语的法律承认。在聋人自身以及社会各团体的呼吁和争取下，进入二十一世纪后，越来越多国家在法律上公开承认了手语。这对于聋人和手语从业者是巨大的鼓舞。根据世界聋人联合会（The World Federation of the Deaf）统计，截至 2023 年 8 月，已有 77 个国家通过与手语相关的全国性法律（参见 national-level legislation，https://wfdeaf.org/news/the-legal-recognition-of-national-sign-languages/）。然而可惜的是，中国尚不在其中，据我们所知，相关专家还在争取手语进入相关语言文字法。事实上，我国自从新中国成立以来就非常重视手语工作，并通过编纂手语词典、创办手语节目等方式，积极推广手语的标准化。近十年来，我国有提及手语的相关中央政府文件达到二十余件。如 2023 年 9 月 1 日生效的《无障碍环境建设法》中，也提及了要在公众场所鼓励手语的使用。

总之，社会在不断进步，我们生活在一个更加包容，更加尊重少数群体语言和文化的时代，也许不久的将来，我们将会在公众场合看到更多的人使用手语。

10.2.5 文化小贴士 手语老师与手语翻译

不仅聋人和手语，人们对与之相关的许多概念也常常存在误解，“手语老师”和“手语翻译”便是其中的一对，国内新闻报道和所谓科普文章将两者混用的情况屡见不鲜。

手语译员，俗称手语翻译，指从事不同手语间、手语和有声语言间、手语和文字间，以及手语与其他模态文本间（如图片、音乐等）信息转换的专业人员，包括聋人译员和听人译员。

手语翻译以将手语与口语互相翻译为主业，而手语老师则以手语教学为主要工作内容，二者职业性质不同，不能混用也不该混用，以免给学员造成不必要的基本概念混乱。

在我国主流语言中，“老师”通常用于指称在某一领域有所专长的人。尽管如此，我们仍应时刻谨慎处理“手语老师”和“手语翻译”二者间的关系，把专业的事交给专业的人去做，各美其美，美美与共。

学习重点　手语和聋人的无障碍生活

10.3.1

今天 区 聋协 活动 参加　我 志愿 人　过去 你 教 知识 全部 用 有

我今天参加了区聋协一个活动，担任志愿者，把你教给我的知识都用上了呢。

好　你 主要 负责 什么

不错！你主要做哪些事？

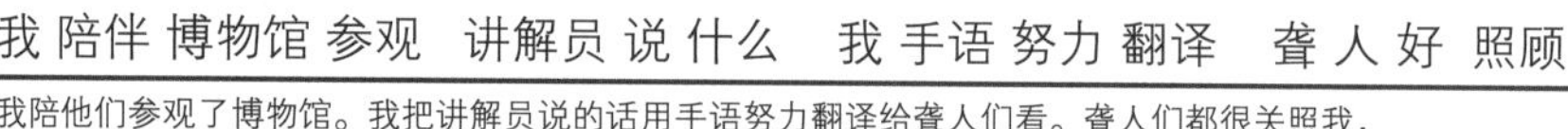

我 陪伴 博物馆 参观　讲解员 说 什么　我 手语 努力 翻译　聋 人 好 照顾

我陪他们参观了博物馆。我把讲解员说的话用手语努力翻译给聋人们看。聋人们都很关照我，

我 呆滞　手语 什么 忘记　他们 热心 手语 什么 帮助 告诉　我 心 温暖 力量 有

我卡壳的时候他们还会热心告诉我怎么打。我感觉内心很温暖、很有力量。

活动 结束　聋人 接触 几 手语 新 学习　多+　他们 说 以后 活动 邀请 要

结束后，我还接触了好几个聋人，学到了很多很多新的词汇。他们还邀请我下次再参加这类活动呢！

好 你 提升 努力 一直 我 看 高兴

我真高兴看到你不断修炼自己。

以后 活动 参加 多 一定 要　手语 练习 继续　你 水平 达标

我以后一定要多多参加这类活动，继续磨炼我的手语，最后赶上你的水平！

有 你 足够

有徒如此，师复何求！

10.3.2

词汇 & 句子

参加

1. 我们参加了一个烹饪比赛，并赢得了冠军。
2. 我参加了一场音乐会。
3. 参加这次大会对我来说是一次很好的经历。

协会

1. 这个协会的规模不断扩大。
2. 这个协会的成员来自各行各业。
3. 他担任了这个协会的主席。

活动

1. 太极拳是老年人喜爱的体育活动。
2. 班里的重要活动，如外出参观，召开家长会等，事先都要向校长请示。
3. 老师把明天的活动安排又重新讲了一遍。

志愿者

1. 志愿者们默默无闻地工作，为社会发展做出了重要贡献。
2. 许多大学生积极参与志愿者活动。
3. 这次城市运动会能够成功举办，离不开广大志愿者的辛勤付出。

参观

1. 经常有外宾到我们学校参观访问。
2. 老师带领我们参观了汽车厂的车间。
3. 这次外出参观学习，同学们个个都是满载而归。

讲解员

1. 我很喜欢听博物馆的讲解员讲述历史文化的故事。
2. 讲解员用简单易懂的语言解释了科学实验的步骤。
3. 博物馆的讲解员给我们提供了很多有用的信息。

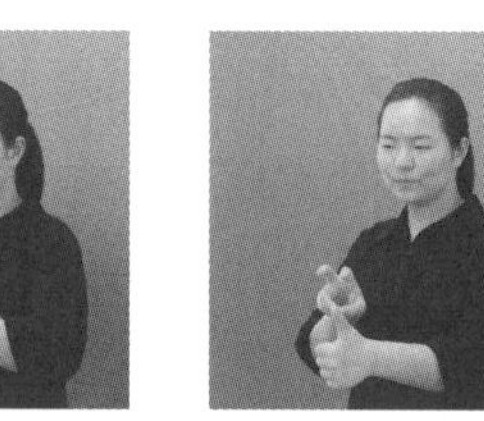

关照

1. 邻居之间要互相关照，和睦相处。
2. 这次活动没有老师和家长陪着，同学们要互相关照。
3. 非常感谢你这几个月对我的关照。

批评

1. 批评的话往往比赞扬的话更有用。
2. 我们必须学会接受别人的批评。
3. 妈妈批评我乱扔垃圾是不对的。

接触

1. 通过这几次接触，我觉得小张并不是一个不讲理的同学。
2. 领导干部要多和群众接触，才能体察民情。
3. 小红对从没有接触过的电脑一窍不通。

邀请

1. 校长邀请几位同学参与制订学校的工作计划。
2. 因为有急事，我推却了小张的盛情邀请。
3. 爸爸经常邀请老同学到家里做客。

10.3.3

练习

一、看手语视频选择相应的词汇

（1）表扬
（2）主席
（3）水平
（4）补贴
（5）导览

二、观看手语视频，用手语复述并翻译成汉语

三、看资料，尝试用手语翻译如下文字

我们先介绍美式咖啡，它是在第二次世界大战时，美国大兵去咖啡馆喝咖啡，由于喝不惯当地醇厚的浓缩咖啡，所以要求咖啡师在浓缩咖啡里加水稀释，意大利人为美国大兵提供的这种稀释咖啡，称为“美国咖啡”。美国人对咖啡的制备一般都比较

随意而且简单，这种方法很快随着美国连锁店在世界上的普及而流行开来。再介绍卡布奇诺，它的名称来历很有趣。过去，意大利老人爱喝咖啡，发觉浓缩咖啡、牛奶和奶泡混合后，颜色就像是修士所穿的深褐色道袍，于是灵机一动，就给牛奶加咖啡又有尖尖奶泡的饮料，取名为“卡布奇诺”。

10.3.4 手语杂说　手语的未来

随着社会的进步和科技的发展，世界上的聋人在不断减少，尤其在发达国家和地区，聋人减少速度非常之快，原因如下：现代科技的发展，包括聋基因检测技术、人工耳蜗技术的介入，聋童出生率降低，且有能力的国家和地区政府出资免费为聋童支付植入人工耳蜗手术费用，越来越多聋童在刚出生不久就实施了植入手术。因此，手语仅成为聋童的选择之一，多数父母更倾向让聋童优先训练口语，并将聋童送到普通学校随班就读，这也导致不少聋校因生源不足纷纷转型或关闭。然而，部分聋童不适合手术，另有不少比例聋童接受植入手术若干年后（尤其进入中学后）人工耳蜗失效，仍会回流到聋校（在我国现在越来越多聋校因为生源不足改称为“特殊学校”，以便收纳其他残障儿童）。而手语其实还涉及身份认同等问题，目前手语学界及教育界主张手语应作为聋童的语言权利加以保障。

以上海为例，在 20 世纪 80 年代初，曾经有十多家聋校，各区都开设了聋校，而到了 20 世纪末，仅二十年时间，只剩下了四家聋校，其余的要么关闭要么转型。目前剩下的四家，每年招收的聋生也是寥寥无几。但是，在广大西部地区的聋校，生源还是非常充足的。因为西部地区的家庭和政府相对比较贫困，无法承担人工耳蜗的费用，甚至在西部边远山区或少数民族地区，聋童失学率非常高。这种情况是世界性的，而且越发达的地方这种情况出现得越早。英国已经于 20 世纪 70 年代末关闭了所有聋校，而让所有聋生都就读听人的学校，但针对聋生的课堂给予特别支持，包括配手语翻译以及笔记。在美国，还有相当数量的聋校，同时还建立聋人文化中心，方便在普通学校的聋生来中心补习和寻求各种支持。

现在的问题在于随着聋校的关闭和聋人减少，手语还有未来吗？英国拍过一部名叫《结局》的电影，比较悲观，对手语未来持悲观态度，在影片结局，最后一位聋人在老年被送到博物馆“收藏”了起来。

另一个趋势是，越来越多的听人热衷学习手语，特别是在经济文化发达的地方。甚至一些听人妈妈将自己的听人小宝宝，在学会开口说话前就送到手语培训中心学习手语，以便启发他们宝宝的心智。还有一种情况是，不少聋人在普通学校长大，很晚才接触到手语，因为身份认同等问题，便开始学习手语。此外，一些年老长者，失去了大部分听力（就是我们所说的耳背），有些人在医生的建议下，开始学习手语当作为替代性的交流方式。笔者在英国见到过一位年轻警察，手语学到了高级水平，问其动因，是因为家里老奶奶 90 多岁，无法佩戴助听器，于是他就选择学习手语来跟家人沟通，于是全家人都开始学习手语，以便和奶奶交流。

科技的介入除了“消灭”手语母语者之外，对手语也有积极的一面。现在人工智能专家和手语学者一起，正努力研究手语识别和合成技术，利用手语“机器人”来为更多的聋人服务。在美国，为解决手语老师短缺问题，也有学者尝试使用 3D 手语仿真人来教聋人儿童学习手语。

手语的未来，就在我们手上。